WORKBOOK TO ACCOMPANY

VISIÓN Y VOZ

Introductory Spanish

SECOND EDITION

WORKBOOK TO ACCOMPANY

VISIÓN Y VOZ

Introductory Spanish

SECOND EDITION

Vicki Galloway

Georgia Institute of Technology

Angela Labarca

Georgia Institute of Technology

Prepared by

Abby Kanter

John Wiley & Sons, Inc.

New York · Chichester · Weinheim
Brisbane · Singapore · Toronto

COVER PHOTO: Ronnie Kaufman / The Stock Market

REALIA CREDITS: p. 6: APRENDA INGLES, El Diario, 17 de marzo de 1997, p.8; p. 43: Xcaret, GeoMundo, vol. 13 núm. 7, p.10; p. 56: Los relojes y su historia, Geomundo, vol. 13, núm. 7, pp. 99-101; p. 65: "Sí, acepto...", Cristina, año 7, núm, 6; p.68: César Evora, Cristina, año 7, núm. 6, p. 52; p. 85: Cumpleaños de Alex Venegas, La voz, Mexicali, 10 de agosto de 1995, p. 8-C; p. 96: Desde el avión, Cristina, año 2, núm. 6, p.6; p. 109: Abuelos que cuidan niños, Tiempos del mundo, 3 de julio de 1997, News World Argentina S.A.; p. 112: Cisco Systems, 1996; p. 121: Desenmascaramos Zorro, Cristina, año 7, núm. 6, pp. 20-21; p. 124: Pollo a lo Celia Cruz, Cristina, año 7, núm. 6, pp. 30-31; p. 135: Empanadas que dan la talla, Américas, julio/agosto 1994, p.52, Reprinted with permission from Américas Magazine published by the General Secretariat of the Organization orf Amercian Statesd in English and Spanish; p. 147: La guayabera: Cómoda fresca, y elegante, Reprinted with permission from Américas Magazine, bimonthly magazine published by the General Scretariat of the Organization of American States in English and Spanish.; p. 159: Tatuajes, una moda que incomoda, Tiempos del mundo, 3 de julio de 1997; p. 168: Armonía, Vogue, España, núm. 28, julio 1990, pp. 50, 52; p. 180: Laura Esquivel y una historia de novela, Nuestra Gente, vol. 4, núm. 4, p. 24; p. 192: Un alcalde diferente, Américas, abril 1997, p. 40, Reprinted with permission from Américas Magazine published by the General Secretariat of the Organization of Amercian States in English and Spanish; p. 203: Guardiana del legado silvestre, Américas, marzo/abril 1993, p. 34, Reprinted with permission from Américas Magazine published by the General Secretariat of the Organization of Amercian States in English and Spanish.

PHOTO CREDITS: p. 16: Corn Harvest (La cosecha del maíz), Diego Rivera, 1923-24, mural. Court of Fiestas, Level 1, South Wall. Secretaria de Educación Pública, Mexico City, Mexico.

ISBN 0-471-17089-5

Printed in the United States of America

10 9 8 7 6 5

Printed and bound by Bradford & Bigelow, Inc.

Contents

Preface		**vii**
Lección preliminar	¡Hola! ¿Qué tal?	**1**
Capítulo **1**	Personas y personalidades	**5**
Capítulo **2**	Metas y aficiones	**19**
Capítulo **3**	¡Viva el finsemanismo!	**33**
Capítulo **4**	Quiero escaparme de la rutina	**46**
Capítulo **5**	Asuntos de familia	**59**
Capítulo **6**	Los hitos de la vida	**72**
Capítulo **7**	Hogar, dulce hogar	**87**
Capítulo **8**	Historias de mi niñez	**99**
Capítulo **9**	¡Buen provecho!	**115**
Capítulo **10**	La buena mesa	**127**
Capítulo **11**	¿Qué me pongo?	**138**
Capítulo **12**	La moda no incomoda	**150**
Capítulo **13**	El físico es muy importante	**162**
Capítulo **14**	El mejor remedio	**171**
Capítulo **15**	Ciudades de ahora y de siempre	**183**
Capítulo **16**	¿Qué nos reserva el futuro?	**195**

SELF-TESTS

Unidad **1**	**209**
Unidad **2**	**216**
Unidad **3**	**227**
Unidad **4**	**237**
Unidad **5**	**248**
Unidad **6**	**259**
Unidad **7**	**269**
Unidad **8**	**280**

Preface

This Workbook accompanies the textbook ***Visión y voz: Introductory Spanish, Second Edition***. The Workbook provides written activities that practice and reinforce the vocabulary and structures presented in the textbook; it also provides students with authentic readings and follow-up activities that are both thematically and culturally related to topics developed in the textbook.

Each chapter of the Workbook contains the following sections, which parallel those of the textbook: **Vocabulario: Imágenes y palabras, Gramática 1, Gramática 2** (and, in a few chapters, **Gramática 3**), **Lectura: Voces del mundo hispano**, and **Para escribir**. The activities in the Workbook offer a wide variety of learning formats, including cloze activities, dialogues, personalized questions, crossword puzzles, illustration- and realia-based activities, and so forth. The Workbook also contains **Autoevaluciones** for each unit (two chapters) of the textbook. These self-tests allow students to diagnose their needs prior to taking the instructor's unit test.

Instructors may request from their Publisher's Representative a copy of the ***Visión y voz*** second edition Tapescript and Answer Key supplement, which contains the answers for this Workbook.

Lección Preliminar

¡Hola! ¿Qué tal?

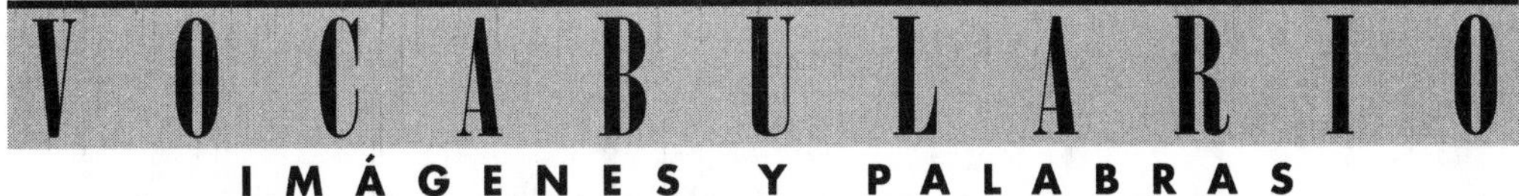

IMÁGENES Y PALABRAS

A. ¿Qué hay...? Use **hay** + **mucho** (**mucha, muchos, muchas**) + object(s) to form sentences according to the following model. Make each sentence as complete as possible.

Por ejemplo: el libro
En el libro hay muchas páginas y palabras.

1. la biblioteca

____

2. la universidad

____

3. mi mochila

____

4. mi cuaderno

____

5. la residencia estudiantil

____

6. el laboratorio de idiomas (lenguas)

____

B. Los diálogos. Completa las conversaciones.

Pablo: Hola, Viviana, ¿qué ____________?

Viviana: ____________, Pablo. Mi profesora de historia es muy buena y la clase no es ____________. Y tú, Pablo, ¿cómo te ________?

Pablo: No, ______ ______. Mi clase es muy difícil y hay mucha ______.

Viviana: Lo ______, Pablo.

Felipe: ¿Cómo ____ ______ usted, profesora?

Sra. Pérez: ____ ______ señora Pérez. Soy ______ de historia. Y tú, ¿cómo ____ ______?

Felipe: ____ ______ Felipe y soy ______ de historia. Necesito ayuda con mi selección de clases. Necesito un ______ flexible este semestre. Y necesito tomar un ______ sin ______.

Sra. Pérez: Sí. No hay problema.

Felipe: Muchas ______, profesora Pérez

C. La universidad ideal. Completa las frases.

1. En la universidad ideal hay

a. ______________________

b. ______________________

c. ______________________

d. ______________________

2. En la universidad ideal no hay

a. ______________________

b. ______________________

c. ______________________

d. ______________________

D. Mi curso ideal. Completa las frases.

1. En mi curso ideal necesito...

a. ______________________

b. ______________________

c. ______________________

d. ______________________

2. En mi curso ideal no necesito...

a. ____

b. ____

c. ____

d. ____

Capítulo

1 Personas y personalidades

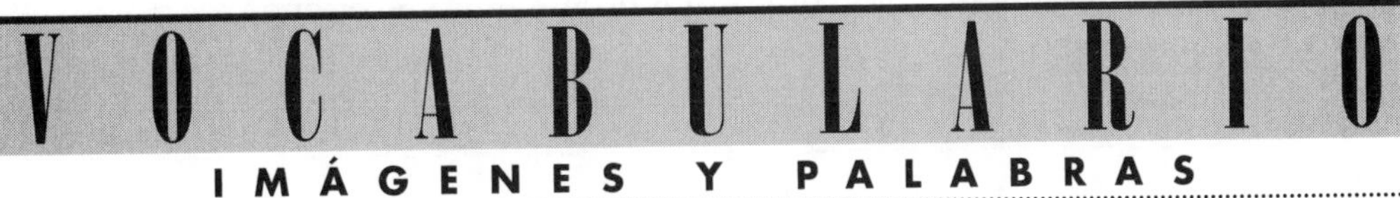

IMÁGENES Y PALABRAS

A. ¿Cómo son? Completa las frases con palabras apropiadas.

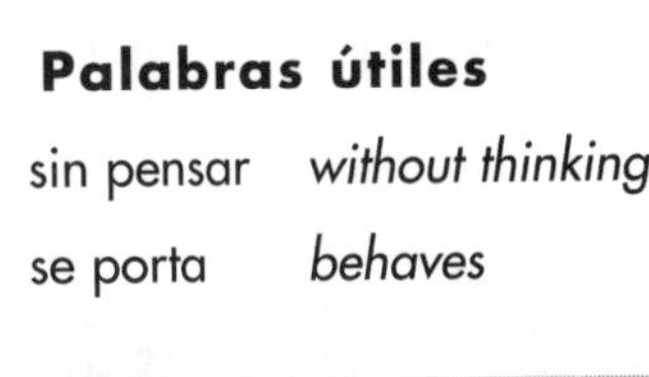

Palabras útiles

sin pensar *without thinking*

se porta *behaves*

1. Somos trabajadores, no somos ____________.
2. Matilde no quiere hablar frente a muchas personas porque ella es ____________ y tímida.
3. Miguel es un buen amigo que escucha mis problemas con gran atención. Miguel es muy ____________ y muy ____________ al sufrimiento de otras personas.
4. A la profesora le gusta estar en casa con su familia. Ella es muy ____________.
5. Algunas películas de Stephen Speilberg son cómicas o ____________; otras, como "La lista de Schindler", son más ____________.
6. Mi hermano es muy ____________, siempre está en el gimnasio.
7. Carla es muy ____________, hace cosas sin pensarº.
8. A Diego no le gusta descansar; es muy activo y le gusta ir a todas partes. Diego no es un muchacho ____________.

9. Juanito siempre se portaº bien, y es muy respetuoso. Es un buen niño

y es muy ____________ ____________.

B. Yo no soy así. Choose four professions that you would least want to follow, and tell why.

Por ejemplo: No quiero ser terapista porque no me gusta escuchar los problemas de otros.

1. ____

2. ____

3. ____

4. ____

C. ¡Aprenda inglés!

Paso 1. Contesta las preguntas sobre el anuncio.

APRENDA INGLES

DE UNA MANERA RAPIDA, FACIL Y DIVERTIDA

NUESTRA GARANTIA: ¡MEJORE SUS OPORTUNIDADES Y OBTENGA UNA VIDA MEJOR EN NY!

CERTIFICADO POR EL DEPARTEMENTO DE EDUCACION DEL ESTADO DE NUEVA YORK

¡LLAME HOY!

PREGUNTE POR MARIA

1-800-INGLES-9

1-800-464-5379

PRECIOS RAZONABLES...HORAS CONVENIENTES

LUNES A VIERNES		SABADO	DOMINGO
8:00 AM A 10:00 AM	4:00 PM A 6:00 PM	8:00 AM A 12:00 PM 12:30 PM A 5:30 PM	9:00 AM A 1:00 PM 1:30 PM A 5:30 PM
10:00 AM A 1:00 PM	6:00 A 9:00 (LUNES A JUEVES)	DESDE $9 SEMANALES	
2:00 PM A 4:00 PM			

8 RAZONES

PARA QUE UD. SE INSCRIBA EN EL MEJOR PROGRAMA DE INGLES EN N.Y.

1. Nos dedicamos únicamente a la enseñanza de inglés desde 1975.
2. Tenemos el método más directo de conversación que les dara resultados concretos e inmediatos: Ud. va a mejorar su conversación, gramática, vocabulario y también va a leer y escribir mucho mejor.
3. 50 profesores norteamericanos especializados en la enseñanza de inglés.
4. 4 directores para asegurar la máxima calidad de enseñanza.
5. Todos los niveles disponibles, desde principiantes hasta el más avanzado.
6. Examen de evaluacion preciso para determinar el mejor nivel de aprendizaje para cada nuevo estudiante.
7. Clases pequeñas.
8. Estudiantes dedicados y serios.

¡LAS NUEVAS CLASES COMIENZAN PRONTO!

AMERICAN LANGUAGE COMMUNICATION CENTER

• HOTEL PENNSYLVANIA • 7tma AVENIDA Y CALLE 33 (FRENTE AL MADISON SQUARE GARDEN)
UNSTED PUEDE ENCONTRAR NUESTRA ESCUELA EN EL LOBBY DEL HOTEL A LA DERECHE

1. ¿Para qué es el anuncio?
a. libros de texto
b. clases de español
c. clases de inglés
d. una universidad

2. ¿Cómo es el estilo (***style***) general de enseñanza (***teaching***)?

____

3 ¿De dónde son los profesores?

____

4. ¿Cómo son los alumnos (estudiantes)?

____

5. En tu opinión, ¿de dónde son muchos de los alumnos?

____

Paso 2.

1. Write the probable English cognate for the following.

a. garantía ____________________

b. oportunidades ____________________

c. obtenga ____________________

d. certificado ____________________

e. estado ____________________

f. evaluación ____________________

g. avanzado ____________________

2. Use the context of the ad to make intelligent guesses at the meaning of the following words.

a. vida ____________________

b. mejor ____________________

c. razones ____________________

D. ¡Quiero trabajar! Lee el anuncio y contesta las preguntas.

EMPRESA IMPORTANTE SOLICITA

*Ingeniero químico industrial

REQUISITOS:

Escolaridad°: carrera° de ingeniería
Amplia experiencia en laboratorio en experimentación
Estado civil: casado° de preferencia
Hombre o mujer

*Contador

REQUISITOS:

Escolaridad: contador público
Edad: no mayor de 45 años
Estado civil: casado de preferencia
Sexo: masculino
Buena presentación

Hacer cita° al teléfono (56) 23 29

Mandar currículum vitae
al FAX (65) 72 99 90

Presentarse a entrevista°:
Avenida Colón y Calle H #252
Colonia Nueva de 9:00 A.M. a 2:00 P.M.
Mexicali B.C. (Baja California)

Palabras útiles

la escolaridad	*education*
la carrera	*course of study*
casado	*married*
la cita	*appointment*
la entrevista	*interview*

1. ¿Qué profesionales necesitan?

____

2. ¿Qué requisitos son similares a los requisitos en los E.E.U.U.?

____

3. ¿Qué requisitos son diferentes?

a. ____

b. ____

c. ____

d. ____

4. ¿Qué hay que hacer para solicitar (***What must you do to apply for***) estos trabajos?

a. ______________________________

b. ______________________________

c. ______________________________

GRAMÁTICA 1

A. Hispanos famosos. Completa la narración con las formas correctas del verbo **ser.**

El arte de Frida Kahlo (**1.**) ________ muy famoso. Ella y su esposo, Diego Rivera, (**2.**) ________ artistas. Los dos (**3.**) ________ de México. Las pasiones de la vida de Frida (**4.**) ________ pintar y estar con Diego.

Muchos otros hispanos (**5.**) ________ populares en los E.E.U.U. Andy García (**6.**) ________ de Cuba pero ahora (**7.**) ________ residente de California. (**8.**) ________ mi actor favorito. Yo (**9.**) ________ gran aficionada (*fan*) suya. Andy no habla mucho de su vida personal. (**10.**) ________ una persona muy privada. No le gusta vivir con mucha publicidad; prefiere estar con su familia. ¿(**11.**) ________ tú reservado(a) como Andy García?

Otra hispana famosa (**12.**) ________ Gloria Estefan. (**13.**) ________ cubano-americana, que ahora vive en Miami. (**14.**) ________ delgada, de estatura mediana y muy bonita. Cantar y hacer ejercicios (**15.**) ________ sus pasiones. Ella (**16.**) ________ muy sensible, y dice, "Mis canciones (**17.**) ________ como fotografías de mis emociones."

B. ¿Cómo son? Complete each question with the correct form of **ser**, then answer the question.

Por ejemplo: ¿**Son** los profesores listos?
Sí, son muy listos.

1. ¿__________ (tú) impaciente a veces?
____
2. ¿__________ deportistas Uds.?
____
3. ¿De dónde __________ tus abuelos?
____
4. ¿Quién __________ tu escritor/a favorito(a)?
____
5. ¿De dónde __________ tu escritor/a favorito(a)?
____

C. Todo lo contrario. Complete each sentence with the appropriate form of the verb **ser**. Then write a second sentence according to the model.

Por ejemplo: Diego Rivera no es escritor. **Es artista.**

1. Jennifer Aniston y Sharon Stone no __________ pelirrojas. __________
____
2. Yo no __________ español/a. ____________________
3. Tú no __________ perezoso(a). ____________________
4. *Ace Ventura* no __________ una película seria. __________
____
5. Las figuras del artista Botero no __________ delgadas. __________
____
____
6. Stephen King y John Grisham no __________ arquitectos. __________
____
7. Tú y yo no __________ estúpidos. ____________________
8. Sean Connery no __________ joven. ____________________

GRAMÁTICA 2

A. Más de uno. Make the following groups of words plural, and provide the article.

Por ejemplo: contador organizado
los contadores organizados

1. lápiz rojo ______________________
2. alumna alegre ______________________
3. profesor deportista ______________________
4. dentista organizada ______________________
5. buena personalidad ______________________
6. persona mayor ______________________

B. Tal para cual. Rewrite each sentence using the new subject indicated. Make all necessary changes in number and gender.

Por ejemplo: Evita es famosa.
John y Yoko son famosos.

1. Gloria Estefan es hispana, famosa y popular.

   Andy García y Cristina ______________________

2. Octavio Paz es serio y trabajador.

   Frida Kahlo y Ana María Matute ______________________

3. Ana es pesimista.

   Ana y Carlos ______________________

4. Donald Trump es emprendedor y puntual.

   Oprah Winfrey ______________________

5. La profesora es desordenada pero responsable.

   Los alumnos ______________________

C. ¿Cómo es? Select five personal characteristics and write a sentence for each, naming the person you think best represents the characteristic. The person can be real or fictional, famous or someone from your own life.

Por ejemplo: Luke Skywalker es muy aventurero.

1. ______________________________

2. ______________________________

3. ______________________________

4. ______________________________

5. ______________________________

D. Tengo una amiga que tiene un amigo que... You have been fixed up on a blind date. Using the indicated adjectives and **(no) soy** and **(no) me gusta**, write four facts about yourself that you would most like your date to know.

Por ejemplo: emprendedor/a **Soy emprendedora, me gusta trabajar.**
tranquilo(a) **No soy tranquila, no me gusta descansar.**

1. reservado(a) ______________________________

2. perezoso(a) ______________________________

3. hogareño(a) ______________________________

4. trabajador/a ______________________________

GRAMÁTICA 3

A. ¡Vamos a conocernos! Use **Quiero saber si...** (*I want to know if...*) to ask six questions about a blind date.

Por ejemplo: Quiero saber si él (ella) es optimista o pesimista. También quiero saber si le gusta bailar.

1. ______________________________

2. ______________________________

3. ______________________________

4. ______________________________

5. ______________________________

6. ______________________________

B. ¿Qué le gusta hacer? Tell what the people mentioned in Activity A (Gramática 1) on page 9 like, or do not like, to do.

Por ejemplo: A Andy García no le gusta hablar de su vida personal.

1. A Frida Kahlo ______________________________
2. A Andy García ______________________________
3. A Gloria Estefan ______________________________

C. Gustos. Complete the following sentences with the appropriate pronoun: **me, te, le, les, nos**.

1 ¿A Uds. __________ gusta aprender español?
2. A nosotros __________ gusta escuchar la música de "Las Puertas".
3. A ti __________ gusta ir a la playa.
4. A ellos __________ gusta leer las novelas de Gabriel García Márquez.
5. A mí __________ gusta comer tacos.
6. A Imelda Marcos __________ gusta ir de compras.
7. A los jóvenes __________ gusta hablar por teléfono.
8. A nosotros __________ gusta salir con amigos.

D. Escríbelo tú. Form sentences based on the following groups of words, according to the models. Make any changes necessary in the number (singular or plural) or gender (masculine or feminine) of adjectives.

Por ejemplo: A ellos/estudiar/ serio
Les gusta estudiar porque son serios.
A la niña/no/trabajar/perezoso
No le gusta trabajar porque es perezosa.

1. María/trabajar/emprendedor

____

2. Marcelo y Teresa/ir al gimnasio/deportista

____

3. Nosotros/no/ir a fiestas/hogareño

____

4. Diego Rivera y Frida Kahlo/pintar/artista

____

5. El Sr. Gore/hablar/político

____

6. Ramón/escuchar/terapista

____

E. Personalidades y actividades. For each illustration write a sentence based on the model.

Por ejemplo: Los niños son perezosos. Les gusta mirar la televisión.

1. ____________________

____

____

2. ____________________

____

____

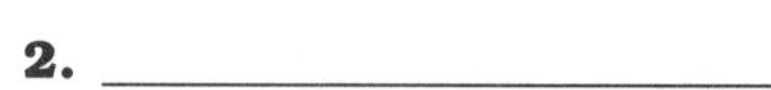

3. ____________________

____

____

4. ____________________

____

____

F. La nueva compañera de cuarto. Complete the dialog with the following question words according to the context: **cómo, quién, quiénes, dónde, de dónde.**

Pablo: Hola, Cristina. ¿__________ estás?

Cristina: Bien, pero un poco distraída (*distracted*).

Pablo: ¿Por qué? ¿Qué te pasa?

Cristina: Es que tengo una nueva compañera de habitación.

Pablo: ¿__________ es?

Cristina: Se llama Ana. Es una alumna de ingeniería.

Pablo: Sí. Y ¿__________ es?

Cristina: Es de Colombia.

Pablo: ¿__________ es?

Cristina: Es muy simpática pero muy ordenada.

Pablo: ¿Cuál es el problema? Es bueno ser ordenado.

Cristina: Pero es que es fanática. No sé __________ están mis libros, apuntes o lápices porque Ana ordena la habitación.

Pablo: ¡Qué problema! ¿__________ vas a resolverlo?

Cristina: Necesito hablar con Ana.

G. Preguntas. Write two or more possible questions that could evoke the following answers.

Por ejemplo: El dentista es muy reservado.
a. ¿Quién es muy reservado?
b. ¿Cómo es el dentista?

1. Frida y Diego son de México.

a. ____________________

b. ____________________

2. Andy García y Gloria Estefan están en Hollywood.

a. ____________________

b. ____________________

3. La enfermera es muy sensible.

a. ____________________

b. ____________________

4. Las personas ordenadas son puntuales también.

a. ______________________________

b. ______________________________

5. Gabriel García Márquez es de Colombia y es magnífico.

a. ______________________________

b. ______________________________

LECTURA

VOCES DEL MUNDO HISPANO

I. Diego Rivera. Lee los dos párrafos y contesta las preguntas.

Diego Rivera, el esposo de Frida Kahlo, es uno de los artistas mexicanos más populares en los E.E.U.U. Muchas de sus pinturas son de temas° sociales: las condiciones del trabajo, la pobreza°, y otros problemas de la gente común. Por lo general, las figuras de Diego Rivera son gruesas y tienen una belleza° única y rara. La mujer de este cuadro es típica de la pintura de Diego Rivera.

La vida matrimonial de Frida y Diego es algo difícil pero muy intensa. Frida sufre mucho por el interés que Diego demuestra por otras mujeres. La pena que sufre Frida es evidente en su arte.

Palabras útiles

(e)l tema	*theme*
la pobreza	*poverty*
la belleza	*beauty*

1. ¿Quién es Diego Rivera? Indica dos aspectos de su identidad.

a. ______________________________

b. ______________________________

2. ¿De dónde es Diego Rivera?

____

3. ¿Qué temas quiere comunicar en su arte?

____

4. ¿Cómo son las personas que pinta?

____

La cosecha del maís

5. ¿Tiene un matrimonio muy tranquilo? ¿Cómo es?

____

6. Describe el problema en el matrimonio.

____

7. ¿Dónde se encuentra (dónde está) evidencia de la pena de Frida?

____

II. Juan Luis Guerra. Lee los párrafos y contesta las preguntas.

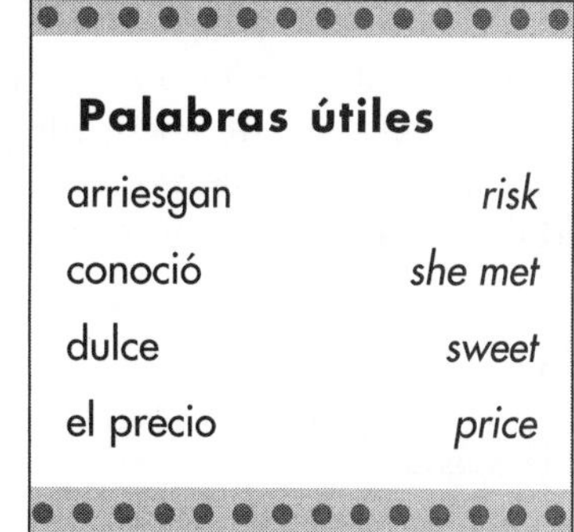

Palabras útiles

arriesgan	*risk*
conoció	*she met*
dulce	*sweet*
el precio	*price*

Juan Luis Guerra es un artista que canta las canciones que él mismo escribe. Con sus canciones comunica los problemas de su pueblo, los dominicanos, que muchas veces arriesgan° la vida para llegar a los E.E.U.U. Juan Luis Guerra canta la pena de estos inmigrantes ilegales en los clubs de Nueva York.

Además de la pena de los dominicanos, Juan Luis Guerra también canta del gran amor de su vida: su esposa Nora. Nora habla de la primera vez que conoció° a Juan Luis, y dice que la atracción resultó de "su forma de ser tan dulce° y tranquila, su personalidad. Su físico, la verdad es que no me llamó la atención". Físicamente, Nora es muy diferente de Juan Luis; es de estatura pequeña, ojos claros y pelo rubio, que reflejan su ascendencia europea.

A pesar de su fama, Juan Luis quiere mantener la vida privada. Es muy tímido y prefiere estar solo. Sufre mucho cuando es el centro de atención. A Juan Luis y a Nora les gusta ir a la playa, ir de compras por la ciudad, ir a un restaurante. Pero ya no hacen estas cosas. Es el precio* de la fama.

1. ¿Quién es Juan Luis Guerra? ______________________

2. ¿Cómo es? ______________________

3. ¿Quién es Nora? ______________________

4. ¿Cómo es? ______________________

5. ¿De dónde es Juan Luis? ______________________

6. ¿Dónde canta Juan Luis? ______________________

7. ¿Qué le gusta más a Nora, el físico o la personalidad de Juan Luis?

____

8. ¿Qué les gusta hacer a Juan Luis y a Nora?

____

9. ¿Le gusta a Juan Luis ser el centro de atención? ¿Por qué o por qué no?

____

PARA ESCRIBIR

Tu gran telenovela

You are a writer who wishes to submit a proposal for a new soap opera. Present four characters. Use the vocabulary of the chapter to give a basic description of the appearance, personality, nationality, profession, wishes, likes, loves, and dislikes of each character.

Palabras útiles

la telenovela *soap opera*
el/la protagonista *main character*
el amor *love*
querer a *to love (someone)*
el esposo/ la esposa *husband/wife*
el/la amante *lover*

____

____

____

____

____

____

____

____

____

Capítulo

2

Metas y aficiones

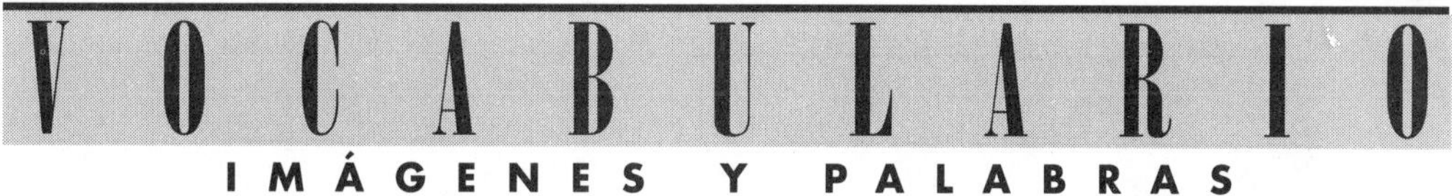

IMÁGENES Y PALABRAS

A. La familia Jiménez. Completa la narración con palabras apropiadas.

La familia de Ramiro Jiménez es muy amable. Sus familiares tienen intereses muy variados y diferentes. Ramiro tiene interés en la historia. Él puede **(1.)** ________________ nombres de gente famosa y las **(2.)** ________________ de eventos importantes. Ramiro quiere ser profesor en un **(3.)** ________________. Carlos, su hermano mayor, tiene interés en la política. Quiere ser representante de su estado porque le gusta **(4.)** ________________ problemas y **(5.)** ________________ decisiones. Clara, su hermana, puede hablar español, inglés y francés, y quiere estudiar otros **(6.)** ________________. Ella también tiene interés en los negocios y quiere trabajar en una **(7.)** ________________ internacional. Quiere visitar muchos **(8.)** ________________ y **(9.)** ________________ otra gente en el **(10.)** ________________. La Sra. Jiménez, la madre de Ramiro, tiene interés en las finanzas. Ella trabaja en un **(11.)** ________________ y gana un **(12.)** ________________ magnífico. Al Sr. Jiménez le gusta trabajar con niños. Él es profesor en una **(13.)** ________________. ¿Qué tienen en común los Jiménez? Todos pueden **(14.)** ________________ un instrumento y tienen su propio grupo musical. Además, a todos les gusta **(15.)** ________________ ajedrez también y son muy competidores.

B. ¿Cómo eres tú? With which members of the Jiménez family do you have the most and the least in common?

Por ejemplo: Soy como... porque tengo interés en..., me gusta..., puedo... y quiero trabajar en...
No soy como... porque no tengo interés en..., no me gusta..., no puedo... y no quiero trabajar en...

1. ____

____

____

2. ____

____

____

C. La pesadilla (*nightmare*) **de Raúl.** Mira las imágenes para completar las frases.

1. Raúl no puede

____

____________________.

2. Raúl puede

____

____________________.

3. A Raúl le gusta

____

en el futuro.

4. Ahora el monstruo no va a trabajar solo, va a trabajar en

______________________ .

5. Por fin Raúl puede ______________________ el problema. Él puede ______________________ el violín muy bien y los monstruos están tranquilos.

D. Los tres cerditos (*little pigs*) **modernos.** Lee la narración y contesta las preguntas con frases completas.

Alfonso, el primer cerdito, tiene diecisiete años y es estudiante en un colegio. Tiene interés en el arte y puede pintar bien. Berto, el segundo cerdito, es diez años mayor que su hermano. Berto trabaja en una empresa de computadoras pero no está contento porque tiene interés en la música. Puede tocar el piano y cantar bien, pero los músicos no pueden ganar sueldos magníficos como los programadores de computadoras. Según Berto, Alfonso tiene que buscar empleo en los negocios porque los artistas no pueden ganar mucho. Alfonso no debe ser artista. El tercer cerdito, Carlos, es dos años mayor que Berto. Carlos es terapista y es muy inteligente. Va a resolver el problema de la carrera de Alfonso.

1. ¿Quién es el menor (el más joven)? ______________________

____

2. ¿Quién es el mayor? ______________________

3. ¿Quién quiere ser artista? ______________________

4. ¿En qué tiene interés Berto? ______________________

5. ¿A Berto le gusta trabajar con la tecnología? ______________________

____

6. ¿Quién puede tocar un instrumento? ______________________

____

7. ¿Cuántos años tiene Berto? ¿Carlos? ______________________

____

8. ¿Quiénes pueden ganar sueldos magníficos? ______________________

____

9. ¿Quién es muy sensible? ______________________

____

10. ¿Quién es más materialista? ______________________

____

11. **Debe** probablemente quiere decir...

a. *wants* **c.** *should*

b. *tries* **d.** *needs*

E. La agenda de Gerardo. Mira la agenda de Gerardo y completa las frases.

3/5 examen de historia
8/5 entrevista de empleo
2/6 aniversario de papá y mamá
15/7 la playa con Virginia
12/8 película con Amelia
30/9 discoteca con Juan, Carmen y Alonso

Por ejemplo: Gerardo va a buscar empleo el ocho de mayo.

1. Gerardo va al cine ______________________________.
2. Gerardo va a estar con su familia ______________________________.
3. Va a bailar con sus amigos ______________________________.
4. Va a nadar ______________________________.
5. Va a estudiar mucho ______________________________.

F. El Banco de Costa Rica. El señor Sánchez, de San José, Costa Rica, tiene que hacer varios cheques por las siguientes cantidades. Escribe las cantidades con palabras.

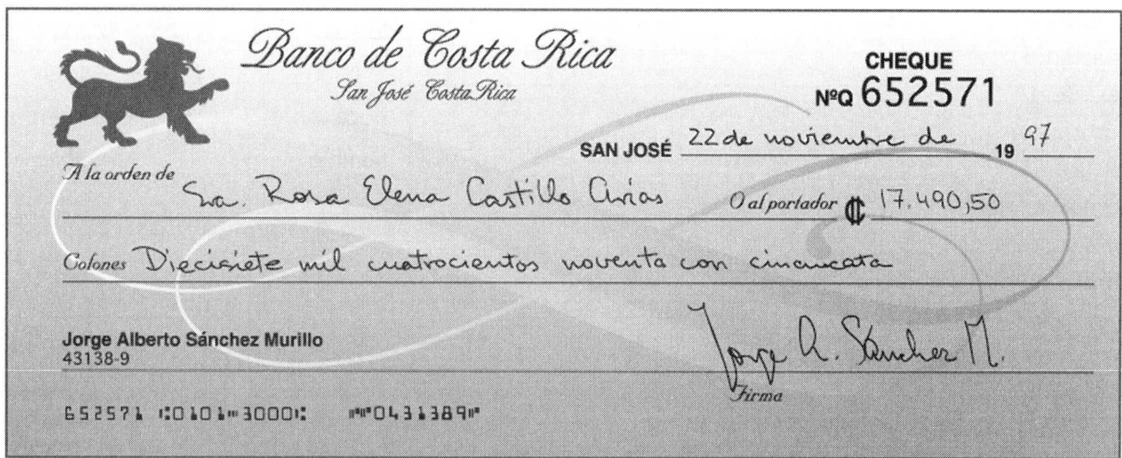
Banco de Costa Rica
San José Costa Rica
CHEQUE
NºQ 652571
SAN JOSÉ 22 de noviembre de 19 97
A la orden de Sra. Rosa Elena Castillo Arias O al portador ₡ 17.490,50
Colones Diecisiete mil cuatrocientos noventa con cincuenta
Jorge Alberto Sánchez Murillo
43138-9
Firma
652571 ⑆0101⑈3000⑆ ⑈⑈0431389⑈

1. Páguese a la orden de María Patricia Murillo C.18.090

____

2. Páguese a la orden de Gilberto Pérez Toledo C.36.116

____

3. Páguese a la orden de Edgar Meneses Castañeda C.26.065

____

4. Páguese a la orden de Fernando Quesada Salom C.41.073

____

G. Somos poetas. Para la poeta española Gloria Fuertes, los meses del año evocan imágenes. ¿Asocias tú imágenes similares con los meses? Imita el estilo de Fuertes para escribir tu propio poema en el que cada mes represente algún aspecto de tu vida universitaria. Puedes usar sustantivos (***nouns***), verbos o adjetivos.

Por ejemplo: **Enero** es mucho estudiar.
Febrero es pensar en mi amor.
Marzo es optimista.
Abril es tomar decisiones.
Mayo es tomar exámenes.
Junio es sacar mi título...

LOS MESES*

Enero es un viejo° que viste° de blanco°.
Febrero es un loco que viste de tul°.
Marzo llorón cuerdo°.
Abril es poeta.
Mayo es invertido°.
Y junio es siesta.
Julio es arrogante.
Agosto sensual.
Septiembre es el mar°.
Octubre es un libro.
Noviembre una vela°.
Diciembre es un Niño°
que nace° y que tiembla°.

Palabras útiles

viejo	no joven
viste	*dresses*
blanco	*white*
el tul	*net fabric*
llorón cuerdo	*sensible crybaby*
invertido	*upside down*
el mar	océano
la vela	*candle*
el Niño	Jesús
nace	*is born*
tiembla	*trembles*

GRAMÁTICA 1

A. Desordenados Anónimos. Complete the following dialog with the correct form of **poder**, **tener**, or **tener que** according to the context.

Elena: Me llamo Elena y (**1.**) ____________ un problema. (**2.**) ____________ veintidós años y soy extremadamente desordenada. Quiero organizarme pero no (**3.**) ____________.

Mario: (terapista, jefe de "Desordenados Anónimos") ¿Dónde vives, Elena, y con quién?

Elena: Vivo en casa con mis padres. (**4.**) ____________ un hermano, Alfredo, y una hermana, Ángela. Alfredo (**5.**) ____________ su

*permission: Gloria Fuertes, Obras incompletas, p. 60.

propio dormitorio, pero Ángela y yo (**6.**) ______________________
compartir (*to share*) el dormitorio. Ella es desordenada también. A veces Ángela (**7.**) ______________________ dormir en el sofá ¡porque no (**8.**) ________________ encontrar (*to find*) la cama!

Mario: Es evidente que Uds. (**9.**) ____________________ un problema. Yo (**10.**) ______________ ofrecerles ayuda pero Uds. (**11.**) ________________ resolver el problema.

B. ¿Cómo eres tú? Contesta las preguntas.

1. ¿Tienes problemas como los de Elena? Explica.

____

2. ¿Tienes que ordenar tu dormitorio? ¿Cuándo?

____

3. ¿Puedes mantener el orden? ¿Cómo?

____

4. ¿Puedes vivir con una persona totalmente desordenada? ¿Por qué sí o no?

____

5. ¿Pueden tú y tus compañeros(as) estudiar o trabajar en un lugar totalmente desordenado? ¿Por qué?

____

C. ¿Qué pueden hacer? Use **poder** + **infinitivo** to tell what the following people can do well.

1. Martha Stewart y el "Galloping Gourmet" ________________________
2. un buen diplomático ________________________
3. un traductor (*translator*) ________________________
4. Frida Khalo y Diego Rivera ________________________
5. Stevie Wonder ________________________
6. Stephen King y John Grisham ________________________

GRAMÁTICA 2

A. Las carreras. Completa las frases con la forma correcta de **querer** y **ir a**.

1. Juanita ____________________ ganar un sueldo magnífico. Por eso ____________________ buscar empleo en una empresa estable.
2. Mario y Lucinda ____________________ estar cerca de la naturaleza. Por eso ____________________ vivir en el estado de Montana.
3. Tú ____________________ vivir en el extranjero. Por eso ____________________ trabajar en una empresa internacional.
4. Los niños ____________________ jugar. Por eso ____________________ entrar en el gimnasio.
5. El Sr. Scrooge ____________________ estar cerca de su dinero. Por eso ____________________ trabajar en un banco.

B. Te toca a ti. Write your own sentences, as in Activity A.

1. tú

____

2. tu papá y/o mamá

____

3. tu mejor amigo(a)

____

4. el Presidente de los Estados Unidos

____

C. Números de urgencia. Based on this directory of emergency numbers from a Spanish city, respond to each of the following situations, according to the model. Note that numbers are recited in groups of two.

AGENDA DE LA FRONDA

Teléfonos de interés

Ambulancias	**510909**
Ayuntamiento	**500115**
Bomberos	**502080**
Butano	**500500**
Centro de Salud	**501216**
Comisaría	**091**
Correos	**501159**
Cruz Roja	**502828**
Diputación	**503944**
Estación Autobuses	**503410**
Guardia Civil	**500502**
Hospital	**502371-502372**
Juzgado 1 Instancia No.1	**500605**
Juzgado1 Instancia No 2	**501257**
Módulo de Promoción y Desarrollo	**511211**
Oficina de Turismo	**503005**
Oficina del INAEM	**502479**
Policía Municipal	**500115**
Taxis	**500007**
	500002
	502022
Tráfico	**501913**
Iberdrola Atenc. al Cliente	**501-702020**
Iberdrola Averías	**590192**

Por ejemplo: La familia Rodríguez busca una clínica.
Tiene que (Puede) llamar al centro de salud (*health*). **El número es cincuenta, doce, dieciséis.**

1. Los Gutiérrez van a hacer un viaje.

____

____

2. El Sr. Ruiz necesita ir al hospital. ¡Es un caso de urgencia!

____

____

3. La Sra. Zalacaín va a visitar a su amiga pero no tiene automóvil.

____

____

4. ¡Ay! El Sr. Villanueva es víctima de un asalto.

____

____

D. ¡Vamos al cine! Read the following descriptions of movies that were being shown in Mexicali, México. Then answer the questions with complete sentences.

Una probadita

Estas son las películas que se exhiben actualmente en los cines de la localidad, aquí vemos "una probadita" de cada filme.

El Jorobado de Notre Dame

(The Hunchback of Notre Dame, 1996 EU)

Dibujos animados. La historia de la amistad entre Quasimodo, el jorobado que habita en el campanario de Notre Dame, con la bella gitana Esmeralda, quien a su vez causa el deseo ardiente del malvado Frollo.

Es una adaptación de la novela clásica del francés Víctor Hugo publicada en 1831.

Director: Gary Trousdale y Kirk Wise.
(Clasificación: AA)

Tornado

(Twister, 1996 EU)

Divertida y vertiginosa cinta de acción en la que se narra con lujo de efectos especiales la lucha de dos grupos rivales de "cazatornados" que quieren introducir valioso equipo experimental para detectar tornados a tiempo y conocer sus movimientos.

Clasificación: A
Dirige: Jan de Bont. Actúan: Helen Hunt y Bill Paxton.

Día de la Independencia

(Independence Day, 1996)

De pronto el mundo es invadido por una fuerza gigante de extraterrestres. Y cuando pareciera que los terrícolas somos impotentes para detenerlos, llega el 4 de julio que es el día de la independencia para la humanidad.

Clasificación: A
Dirige: Roland Emmerich.
Actúan: Will Smith, Bill Pullman, Jeff Coldbrum.

Misión Imposible

(Mission Impossible, EU 1996)

Mediante una operación fantasma la CIA descubre que el agente Ethan Hunt (Tom Cruise) es un traidor infiltrado en sus investigaciones secretas. Para demostrar lo contrario el protagonista tiene que atrapar al agente corrupto.

Clasificación: A
Dirige: Brian de Palma, Actúan: Tom Cruise, John Voigt y Emmenuelle Beart

Strip tease

(Strip tease, 1996)

Demi Moore es Erin Grant, una ex oficinista del FBI quien se ve en la necesidad de trabajar en un bar nudista para reunir el dinero que necesita para la custodia de su hija.

Actúan: Demi Moore y Burt Reynolds. Dirige: Andrew Bergman.
Clasificación: C

Corazón de Dragón

(Dragonheart, 1996)

Aborda el relato épico del siglo X, basado en la historia de Patrick Read Johnson y Charles Edward Pogue en donde se describe a un caballero heredero de los preceptos del Rey Arturo que es amigo de un singular dragón.

Actúan: Dennis Quaid y Sean Connery (voz).
Dirige: Rob Cohen.
Clasificación: A

El Protector

(Eraser, 1996)

Un policía se dedica a proteger la identidad de testigos de casos importantes asignándoles una personalidad nueva. Uno de sus compañeros lo traiciona y quiere matar a una de sus protegidas. Con ayuda de sus anteriores protegidos hará todo lo posible para desenmascarar al traidor.

Actúan: Arnold Schwarzenegger, James Caan y Vanessa Williams.
Dirige: Charles Rusell.
Clasificación: B

Palabras útiles

la probadita	*sampling*
ver	*to see*
el campanario	*bell tower*

1. ¿Qué película(s) quieres ver? ______________________

____

____

2. ¿Qué película(s) vas a ver con tus hermanitos?

____

____

3. ¿Qué película(s) no vas a ver con niños pequeños?

____

____

4. El Sr. Toledo quiere ver una película de acción. ¿Qué película va a ver?

____

____

5. ¿Qué película vas a ver si te gusta la ciencia ficción?

____

____

6. Use cognates and context clues to provide the Spanish for the following words.

   a. animated feature ______________________

   b. lives in ______________________

   c. evil one (think of the word **malo**) ______________________

   d. traitor ______________________

   e. opposite ______________________

   f. trap, catch ______________________

7. What U.S. movie classifications probably correspond to the following codes?

   A ______ AA ______ B ______ C ______

LECTURA

VOCES DEL MUNDO HISPANO

I. Astrología: ¿verdad o ficción?

Lee el siguiente fragmento del horóscopo.

En diciembre tenemos que buscar la felicidad. Tenemos que mantener el equilibrio entre la razón (el intelecto) y el corazón.

Aries. 21 de marzo al 20 de abril. Este mes tienes que salir con amigos y asistir a funciones sociales. Vas a conocer a una persona que va a ser muy importante para ti. Va a ser el amor de tu vida.

Tauro. 21 de abril al 20 de mayo. Vas a entrar en una empresa nueva. Es un negocio que puede ser muy beneficioso. Pero tienes que tener cuidado y no ser impulsivo.

Géminis. 21 de mayo al 21 de junio. Vas a tener problemas con algunos familiares. Tienes que ser muy sensible respecto a las emociones de ellos; puedes resolver estos problemas.

Cáncer. 22 de junio al 21 de julio. Normalmente no eres puntual ni organizado, pero este mes tienes que serlo. Si eres desorganizado este mes vas a entrar en apuros (problemas) enormes.

Leo. 22 de julio al 21 de agosto. Eres demasiado impaciente e impulsivo. Tienes que ser más paciente y vas a aprender un secreto que te va a ayudar mucho.

Virgo. 22 de agosto al 21 de septiembre. Vas a descubrir que tienes un talento nuevo. Tienes que ser imaginativo y trabajador.

¿Entendiste? Contesta las preguntas según las fechas de nacimiento de estas personas.

Ana	*el 12 de junio*
Tomás	*el 6 de agosto*
Clara	*el 16 de abril*
Guillermo	*el 27 de agosto*
Luis	*el 20 de mayo*
Arturo	*el 4 de julio*

1. ¿Quiénes van a hacer algo nuevo?

____

2. ¿Quiénes tienen que ser diferentes?

____

3. ¿Quién va a ganar un sueldo mejor?

____

4. ¿Quién va a tener una experiencia romántica?

____

5. ¿Quién va a tener dificultades con sus padres o hermanos?

____

II. Cómo leer tu letra

Se dice que la letra o escritura (***handwriting***) de una persona revela mucho sobre su carácter o personalidad. Mira los siguientes ejemplos y busca tu letra. Luego, lee la descripción personal correspondiente. ¿Así eres tú?

letra grande	amigos	Es generoso, abierto y entusiasta.
letra pequeña	amigos	Tiene una gran habilidad para concentrarse.
inclinada a la derecha	Amigos	Sentimental, romántico.
inclinada a la izquierda	Amigos	Es reservado. Oculta (*hides*) sus emociones.
dirección hacia arriba	hola	Es alegre, optimista y enérgico.
dirección hacia abajo	hola	Es pesimista y se siente deprimido (*depressed*).
línea derecha	Te amo...	Es estable.
las letras conectadas	chico	Es práctico y convencional.
las letras separadas	chico	Es intuitivo, inquieto y creativo.
algunas letras conectadas	chico	Perfecto equilibrio entre lo lógico, lo convencional y lo creativo.
letras largas	Linda	Es práctico y tiene mucha energía.
letras cortas	Linda	No tiene mucha imaginación, ni ambición.
letras anchas	Linda	Tiene muchísima imaginación.

PARA ESCRIBIR

Tus predicciones

Lee la sección astrológica del periódico de tu ciudad y escribe en español tus predicciones para los signos que siguen.

Libra. 22 de septiembre al 21 de octubre.

____

____

Escorpión. 22 de octubre al 21 de noviembre.

____

____

Sagitario. 22 de noviembre al 21 de diciembre.

____

____

Capricornio. 22 de diciembre al 18 de enero.

____

____

Acuario. 19 de enero al 18 de febrero.

____

____

Piscis. 19 de febrero al 20 de mayo.

____

____

Capítulo 3

¡Viva el finsemanismo!

VOCABULARIO

IMÁGENES Y PALABRAS

A. El campamento de verano. Completa la carta con palabras apropiadas.

Domingo, 12 de julio

Querida mamá,

Aquí estoy en el campamento de verano. Hoy no podemos nadar porque hace (1) ______________ ______________. (2)________________________ mucho. Pero mañana si hace (3) ________________________ vamos a nadar. Aquí no hay piscina, pero podemos ir a la (4) ________________________ o al (5) ________________________ para nadar. Hay un río, pero no es para nadar. Vamos a (6) ________________________.

El martes vamos a hacer (7) ______________ a las montañas. Vamos a (8) ________________________ hamburguesas encima de un fuego (*campfire*). Después vamos a (9) ________________________ a las montañas y (10) ________________________ bajo las estrellas (*under the stars*).

El miércoles es día de deportes. A mí me gusta (11) ____________________ tenis, pero a mis amigos más altos les gusta el (12) ______________________. Después hay deportes acuáticos y vamos a (13) ________________________ en el (14) ________________________. Hay tantas actividades que no tengo tiempo para (15) ________________________.

¡Estas (16) ________________________ de verano son estupendas!

Un abrazo de tu hija que te quier e

Marisol

B. ¿Cuándo se hace? Completa las frases según las imágenes.

Por ejemplo: A Luisa le gusta tomar el sol pero sólo puede hacerlo en el verano (cuando hace sol).

1. A Jorge le gusta

pero sólo puede hacerlo

_____________________.

2. A Teresa le gusta

____

pero sólo puede hacerlo

_____________________.

3. A Juan y a Luisa les gusta

____

pero sólo pueden hacerlo

_____________________.

4. A los jóvenes les gusta

____

pero sólo pueden hacerlo

_____________________.

5. A Carlos y a Gabriel les gusta _____________________

pero sólo pueden hacerlo

_____________________.

C. Amigos diferentes. Jorge es una persona tranquila y hogareña. Le gusta la naturaleza y le gusta el ocio. Su amigo Enrique es lo contrario. Es muy deportista y le gusta estar siempre activo. Escribe una lista de las actividades que a Jorge le gusta hacer, y las actividades que a Enrique le gusta hacer.

Jorge	Enrique
____________________	____________________
____________________	____________________
____________________	____________________
____________________	____________________

D. Tus vacaciones ideales. Contesta las preguntas con frases completas para describir tus vacaciones ideales.

1. ¿En que estación (***season***) del año te vas de vacaciones?

____

____

2. ¿Adónde vas? ____

____

3. ¿Qué actividades puedes hacer allí?

____

____

4. ¿Te gusta nadar en una piscina, un lago o el mar? ¿Por qué?

____

____

5. ¿Cuántos días o cuántas semanas vas a pasar de vacaciones?

____

____

6. ¿Con quién(es) te vas? ¿Por qué?

____

____

GRAMÁTICA 1

A. ¿Adónde vamos? Completa la narración con la forma correcta de los verbos.

A mí me ______________ (**1**. gustar) estar con mi familia pero cuando yo ______________ (**2.** ir) de vacaciones con ellos, ______________ (**3.** ser) un desastre. Primero nosotros no ______________ (**4.** poder) decidir adónde ______________ (**5.** querer) ir.

Mi mamá ______________ (**6.** pensar) que unas buenas vacaciones ______________ (**7.** tener) que ser cerca del mar. Ella ______________ (**8.** nadar) bien y ______________ (**9.** esquiar) en el agua. Por las tardes ______________ (**10.** leer) novelas y ______________ (**11.** dormir).

Mi papá ______________ (**12.** querer) ir a un balneario en las montañas donde él ______________ (**13.** jugar) tenis todo el día y por la noche ______________ (**14.** escuchar) la música jazz.

Yo ______________ (**15.** querer) pasar las vacaciones en una ciudad grande porque allí ______________ (**16.** conocer) a otros jóvenes y nosotros ______________ (**17.** ir) a discotecas donde los jóvenes ______________ (**18.** bailar) los bailes modernos.

A mi hermana mayor le ______________ (**19.** gustar) viajar al extranjero. Ella ______________ (**20.** ir) a museos donde ______________ (**21.** ver) el gran arte del mundo. A veces nosotros ______________ (**22.** pensar) que es mejor tomar vacaciones separadas. Yo no ______________ (**23.** saber) qué hacer.

B. La rutina de Arturo. Completa la conversación con la forma correcta de los verbos.

Silvia: ¿Qué ______________ (**1.** hacer) los fines de semana, Arturo?

Arturo: Bueno, siempre ______________ (**2.** correr) dos millas por la mañana. Luego, si ________________ (**3.** hacer) buen tiempo, mis amigos y yo ________________ (**4.** jugar) fútbol o ________________ (**5.** montar) en bicicleta, o simplemente ________________ (**6.** mirar) a la gente en el parque. Si ________________ (**7.** llover), o si ________________ (**8.** hacer) mal tiempo, no voy a ningún sitio; no ________________ (**9.** hacer) nada. Simplemente ________________ (**10.** descansar) en casa. A veces, ________________ (**11.** ver) una película; uno de mis amigos ________________ (**12.** tener) videocasetera y siempre ________________ (**13.** alquilar) muchos videos.

Silvia: ¿Y qué ________________ (**14.** hacer) Uds. por la noche?

Arturo: Bueno, yo ________________ (**15.** vivir) en un apartamento y, como ________________ (**16.** conocer) a mucha gente, ________________ (**17.** dar) fiestas casi todos los sábados. Mi compañero de cuarto ________________ (**18.** limpiar) el apartamento y yo ________________ (**19.** comprar) y ________________ (**20.** cocinar) la comida. Los viernes siempre ________________ (**21.** salir) con amigos.

Silvia: ¿Uds. nunca ________________ (**22.** estudiar)?

Arturo: Yo, sí. ________________ (**23.** hacer) mis tareas los domingos. ________________ (**24.** saber) que mis notas ________________ (**25.** ser) importantes pero, como tú ________________ (**26.** ver), no ________________ (**27.** trabajar) todos los días.

C. Las vacaciones.

Describe las actividades de estas personas.

1. a. ____

b. ____

2. a. ______________________________

b. ______________________________

3. a. ______________________________

b. ______________________________

c. ______________________________

4. a. ______________________________

b. ______________________________

c. ______________________________

d. ______________________________

Roberto y Raquel Carlos y Juan

Juanita y Raúl

5. a. ________________

b. ________________

c. ________________

d. ________________

D. Crucigrama. Para hacer este crucigrama, completa las frases.

Horizontales

1. Los hombres ____ en el río.
5. Los fines de semana nosotros ____ hasta muy tarde.
6. Juanita ____ la tele.
7. Tomás y yo ____ un paseo por la playa
10. Los niños ____ en el mar.
11. Ustedes ____ el sol en la playa.
13. Yo ____ muchas novelas en el verano.
14. Yo ____ en bote de remos.
16. Tú ____ que usar loción para el sol.
18. Yo ____ muchas películas en video.
19. Tú ____ tenis muy bien.

Verticales

1. Yo siempre lo ____ bien en el verano.
2 Tú ____ muy bien. Me gusta comer en tu casa.
3. Yo ____ en la piscina y en el lago.
4. Los Vargas ____ que agosto es el mejor mes para vacaciones.
5. Los domingos mis padres no hacen nada. ____ en casa.
8. Luis y yo ____ buenos amigos y nos gusta acampar juntos.
9. Los jóvenes ____ un paseo en el parque.
12. Los sábados mi amigo y yo ____ a caballo.
13. Uds. no ____ libros de texto en el verano.
15. Mi familia y yo ____ de vacaciones en julio.
17. Luquillo y Malibú ____ dos playas magníficas.

1 2 3 4 5 6 7 8 9 10 11 12 13 14 15 16 17 18 19

GRAMÁTICA 2

A. ¿Qué te gusta más? Based on each pair of drawings write a question using **gustar** and a noun. Answer the question, as in the example:

Por ejemplo: a ti
¿Te gusta más la ciudad o el campo?
Me gusta más el campo (la ciudad).

1. a Smokey el oso (*bear*)

2. a los niños

L	M	M	J	V	S	D
	1	2	3	4	5	(6)
7	8	9	10	11	12	(13)
14	15	16	17	18	19	(20)
21	22	23	24	25	26	(27)
28	29	30	31			

L	M	M	J	V	S	D
	1	2	3	4	5	6
(7)	8	9	10	11	12	13
(14)	15	16	17	18	19	20
(21)	22	23	24	25	26	27
(28)	29	30	31			

3. a ustedes

4. a tu mejor amigo(a)

5. a ti

____

____

6. a tus padres

____

____

7. a ustedes

____

____

B. ¿Qué dicen las imágenes? Según las imágenes, describe lo que les gusta hacer a estas personas. Comenta sus gustos respecto a la música, el cine, las vacaciones, los deportes, los programas de la tele, etc.

1. ______________________________

____

____

2. ______________________________

____

____

3. ______________________________

____

____

4. ______________________________

los jóvenes de hoy

5. ______________________________

Carolina

6. ______________________________

los "yuppies"

C. Tus opiniones. Use **me + gusta/gustan** to name one or two things that you like at various times or in various circumstances. You may include kinds of movies, books, sports, activities, places, etc.

1. En el verano: ______________________________
2. En el otoño: ______________________________
3. En la primavera: ______________________________
4. Los domingos: ______________________________
5. Los sábados: ______________________________
6. Cuando estoy triste: ______________________________
7. Cuando estoy contento(a): ______________________________
8. Cuando estoy solo(a): ______________________________
9. En las vacaciones: ______________________________

LECTURA

VOCES DEL MUNDO HISPANO

Un lugar especial

Lee el artículo y completa las actividades que siguen.

XCARET DIMINUTO PARAÍSO DEL CARIBE MAYA

Si en el Caribe mexicano hay muchas opciones, la alternativa de Xcaret no puede descartarse. Una reducida zona arqueológica, una caleta y un cenote son los encantos que el visitante disfruta, sumado a los multicolores peces que brincan alegres an las transparentes aguas caribeñas.

El sitio arqueológico perteneció a la cultura maya, en el periodo postclásico y observa el mismo estilo que Tulum. Sólo se conservan tres templos con sus estructuras en ruinas, uno de los cuales aún exhibe restos de estuco rojo.

Para finalizar, en un terreno netamente calcáreo, una bella caleta es foco de interés para buceadores y turistas en general. Con agua templada, se extiende sobre unos 100 metros de largo y 15 de ancho aproximadamente, donde la transparencia del agua y la suavidad del oleaje fascinan al más exigente de los buceadores. Allí tienen sus dominios el pez ángel azul y el negro, dos de las especies multicolores que surcan el mar caribeño.

A. ¿Entendiste? Contesta las preguntas.

1. ¿Qué actividades o deportes hacen los turistas en Xcaret?

___

___

2. ¿Qué hay de interés arqueológico en Xcaret?

___

___

3. ¿Tienes interés en la arqueología? ¿Vas a estudiarla?

___

___

Palabras útiles

descartarse	*to be discounted or ignored*
la caleta	*cove, creek, small bay*
disfruta	*enjoys*
el pez (peces)	*fish*
brincan	*jump*
el estuco	*stucco (type of building material)*
el oleaje	*motion of the waves*
calcáreo	*containing lime*

4. ¿En qué deportes acuáticos puedes participar en Xcaret?

____

5. ¿Cuál es el significado más probable de estos cognados?

a. diminuto ______________________

b. paraíso ______________________

c. alternativos ______________________

d. visitante ______________________

e. ruinas ______________________

f. exhibe ______________________

g. terreno ______________________

h. foco ______________________

i. templada ______________________

j. extiende ______________________

k. fascinan ______________________

6. ¿Te gustan las atracciones de Xcaret? ¿Quieres visitar esta isla algún día? ¿Por qué? ______________________

____

B. Vacaciones en Xcaret. Estás en Xcaret, donde pasas unas vacaciones magníficas. Escríbele una tarjeta postal (***post card***) a un/a amigo(a). Descríbele las cosas y actividades que te gustan más. Descríbele qué haces hoy y qué vas a hacer mañana.

PARA ESCRIBIR

Tu paraíso

Inventa tu propio Paraíso de vacaciones (***Vacation Paradise***). Usa el vocabulario del Capítulo 3 para describir las vacaciones ideales. Incluye una descripción de las actividades que la gente puede hacer y cómo es el tiempo.

____

____

Capítulo 4

Quiero escaparme de la rutina

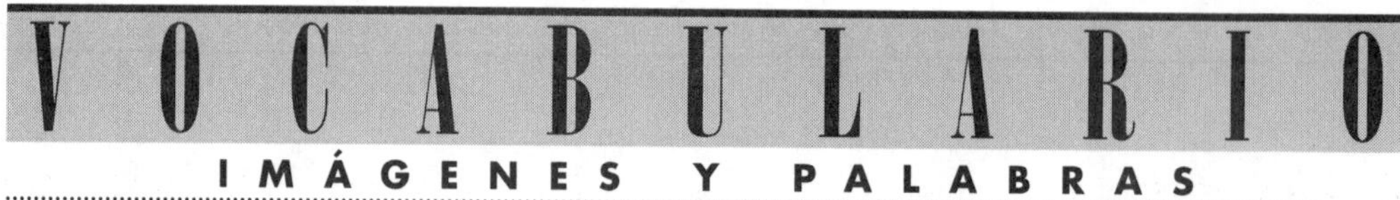

VOCABULARIO

IMÁGENES Y PALABRAS

A. Compañeros diferentes.

Paso 1. Completa la narración con las palabras apropiadas. Algunas palabras se usan más de una vez.

Carlos y Guillermo son compañeros de cuarto en la universidad. Son buenos amigos pero son muy diferentes. A Carlos le gusta **(1.)** ____________ muy temprano y siempre está muy contento y **(2.)** ____________ por la mañana. Está **(3.)** ____________ de energía y tiene ganas de **(4.)** ____________ para **(5.)** ____________ a sus clases. **(6.)** ____________ de ducharse, se viste, y a la hora de salir para las clases trata de despertar a Guillermo. Pero Guillermo no puede **(7.)** ____________ porque tiene la costumbre de **(8.)** ____________ muy tarde por la noche. Sabe que es necesario **(9.)** ____________, pero siempre está **(10.)** ____________ con Carlos por despertarlo. Cuando por fin se levanta ya no tiene tiempo para **(11.)** ____________ porque no quiere **(12.)** ____________ tarde a las clases. Guillermo siempre se queja de sentirse **(13.)** ____________. Dice que está **(14.)** ____________ de levantarse **(15.)** ____________. Quiere **(16.)** ____________ en la cama todo el día.

Paso 2. Use the expresions **me gusta...**, **me siento bien/ mal cuando...**, **(no) quiero...**, etc. to tell which roommate in Activity A you are like and why.

Por ejemplo: Soy como Guillermo porque no puedo levantarme temprano y después me siento estresada.

1. Soy como ________________ porque ______________________________

2. No soy como ________________ porque ___________________________

B. Compárate. For each adjective write a sentence comparing yourself to a friend who is different from you.

Por ejemplo: aburrido(a)
Cuando estoy (me siento) aburrida, tengo ganas de comer.
Cuando mi amigo está aburrido,tiene ganas de hacer deportes.

1. estresado(a)

   ____

2. contento(a)

   ____

3. aburrido(a)

   ____

4. deprimido(a)

   ____

5. nervioso(a)

   ____

6. lleno(a) de energía

   ____

7. enojado(a)

   ____

C. Mis remedios. ¿Qué haces en las siguientes circunstancias?

Por ejemplo: **Para sentirme tranquilo**, me gusta relajarme con un libro interesante y acostarme temprano. Descanso y leo un libro para olvidarme de mis estudios.

1. Para no preocuparme por los estudios

____

2. Para estar sano(a) y lleno(a) de energía

____

3. Cuando estoy harto(a) de la rutina

____

4. Cuando me siento deprimido(a) o triste

____

5. Para no morirme de aburrido(a)

____

6. Si estoy cansado(a)

____

7. Para despertarme temprano

____

8. Para no tener que arreglarme mucho

____

D. ¡Adiós, trabajo! Completa las siguientes frases para describir tus planes para unas vacaciones.

Por ejemplo: Cuando no hay clases, normalmente me quedo en casa. Pero este año, quiero irme al extranjero.

1. Cuando no hay clases, normalmente ______________________.

Pero para las vacaciones de ______________ (***estación***), quiero

______________________.

2. En ______________ (***mes***), cuando hace ______________ voy a

______________________ porque estoy harto(a) de

______________________ y me muero de ganas de

______________________.

3. Puedo juntarme con ______________________ porque

______________________________. También quiero juntarme con

______________________ para relajarme y ______________________________.

4. Antes de irme, no quiero olvidarme de llamar a __________________________ y

comprar ____.

5. Voy a alojarme en ______________________________.

6. Quiero quedarme ____________________________ días allá y para divertirme en

grande quiero ____.

GRAMÁTICA 1

A. La entrevista. You are being interviewed for a study on personal habits and their effect on performance at work. Write a question based on each group of words. Then answer the question.

Por ejemplo: ¿a qué hora?/acostarse
a. ¿A qué hora te acuestas?
b. Me acuesto a las once.

levantarse / ¿triste o contento(a)?
a. ¿Te levantas triste o contento(a)?
b. Me levanto contenta.

1. ¿a qué hora?/ levantarse

a. ____

b. ____

2. levantarse / ¿lleno(a) de energía o cansado(a)?

a. ____

b. ____

3. bañarse o ducharse

a. ____

b. ____

4. vestirse / ¿bien o de una forma informal para trabajar?

a. ______________________________

b. ______________________________

5. arreglarse/ ¿rápido o con cuidado?

a. ______________________________

b. ______________________________

6. preocuparse por / hacer todo el trabajo

a. ______________________________

b. ______________________________

B. Lo personal. Contesta con frases completas.

1. ¿Cuándo te diviertes mucho?

____

2. ¿Qué haces para relajarte?

____

3. ¿De qué te quejas?

____

4. ¿De qué se quejan tus padres?

____

5. ¿Cuándo te sientes muy contento(a)?

____

6. ¿Cuándo te sientes muy triste?

____

7. ¿Puedes reírte de tus problemas o siempre te sientes estresado(a)? Explica.

____

8. ¿Te sientes tranquilo(a) o estresado(a) cuando estudias? Explica.

____

9. ¿Cuándo (en qué situación) te mueres de aburrido(a)?

____

10. ¿Siempre tienes ganas de juntarte con tus amigos o a veces tienes ganas de quedarte solo(a)? ¿Por qué?

____

C. A solas en casa. Usa los siguientes verbos para describir las imágenes. Hay un verbo que se puede usar más de una vez.

sentirse mal cansarse de quejarse de quedarse solo

Juan y Pablo

1. ____

2. ____

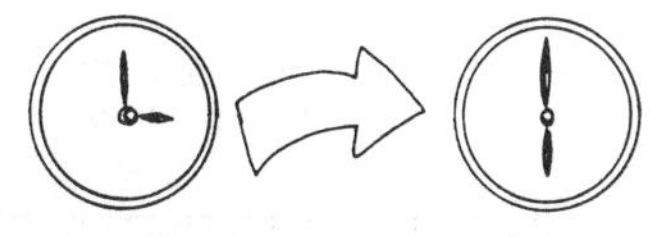

3. ____

4. ______________________________

5. ______________________________

D. Mis reacciones. ¿Qué haces cuando te sientes así?

Por ejemplo: sentirse nervioso(a)
Cuando me siento nervioso, como mucho (monto en bicicleta, llamo a mi amigo, etc.)

1. morirse de aburrido(a)

____

2. sentirse lleno(a) de energía

____

3. preocuparse por los exámenes

____

4. cansarse de la rutina diaria

____

5. sentirse deprimido(a)

____

E. Los compañeros de cuarto. Completa la siguiente narración con la forma correcta de los verbos indicados.

Todas las mañanas, (yo) ________________ (**1.** levantarse) temprano, ________________ (**2.** ducharse), ________________ (**3.** vestirse) y ________________ (**4.** mirarse) en el espejo.

Estoy contento y ________________ (**5.** sentirse) lleno de energía. En seguida (yo) ________________ (**6.** prepararse) el desayuno. No hay nadie en la sala, entonces ________________ (**7.** divertirse) unos minutos con la televisión porque me gusta ________________ (**8.** relajarse) en la sala.

A veces, cuando mi compañero, Oscar, está en casa, (él) ________________ (**9.** despertarse) porque la tele está a todo volumen. A él le gusta dormir más por la mañana porque siempre ________________ (**10.** acostarse) muy tarde. Oscar ________________ (**11.** quejarse) unos minutos, pero después ________________ (**12.** dormirse) otra vez. Los otros chicos de la casa ________________ (**13.** reírse) de él, porque a veces es muy cómico cuando ________________ (**14.** enojarse). Mis compañeros y yo somos muy buenos amigos y (nosotros) ________________ (**15.** divertirse) juntos, pero todos tenemos horarios diferentes.

Y tú, ¿________________ (**16.** preocuparse) cuando no hay silencio en la casa y quieres ________________ (**17.** dormirse)?

GRAMÁTICA 2

A. ¿Qué hora es? Indica qué hora es en cada caso.

1. ______________________

4:30

2. ______________________

8:20

3. ______________________

11:15

4. ______________________

5. ______________________

2:32

6. ______________________

7. ______________________

10:50

8. ______________________

9. ______________________

12:10

10. ______________________

B. Tus costumbres. Completa lo siguiente según tus hábitos y los de tu compañero(a) de cuarto.

1. Por la mañana yo

a. siempre ______________________________

b. a veces ______________________________

c. nunca ______________________________

2. Por la tarde mi compañero(a) de cuarto

a. siempre ______________________________

b. a veces ______________________________

c. nunca ______________________________

3. Por la noche mi compañero(a) de cuarto y yo

a. siempre ______________________________

b. a veces ______________________________

c. nunca ______________________________

4. Los domingos yo

a. siempre ______________________________

b. a veces ______________________________

c. nunca ______________________________

5. Los lunes mi compañero(a)

a. siempre ______________________________

b. a veces ______________________________

c. nunca ______________________________

C. El orden de las actividades. Usa **antes** de y **después de** para indicar el orden de tus acciones.

Por ejemplo: comer el desayuno / vestirse
Como el desayuno antes de vestirme.

1. vestirse / arreglarse ______________________________

2. ducharse / comer el desayuno ______________________________

3. ducharse / arreglarse ______________________________

4. levantarse / arreglarse ______________________________

LECTURA

VOCES DEL MUNDO HISPANO

EL RELOJ

Lee el artículo y completa las actividades que siguen.

Los Relojes y su historia

Apresar la sucesión regular del tiempo con una máquina perfecta ha sido el perpetuo sueño cartesiano de todos los hombres

Por lo que se refiere al momento exacto de la invención del reloj tal como lo conocemos —un mecanismo dirigido por pesos y con un escape— es un asunto totalmente desconocido, así como la identidad del inventor. Por las referencias literarias podemos suponer que el reloj de engranes y contrapesos fue inventado algunos años antes de 1300.

Primer reloj de pulsera conocido en Suiza, usado por la condesa Kocewicz en 1868.

A principios del siglo XIX se usaron estos relojes de bolsillo hechas de oro y ornados con pintura esmaltada y perlas.

Una maquinaria precisión, como la de este Rolex, trabaja con decenas de piezas que se unen requiriendo tolerancias en micrones.

Reloj de sol diseñado por J.G. Zimmer en 1750, que se conserva en Dresden.

Los modernos relojes electrónicos funcionan a base de cristales de cuarzo, económico sistema que asegura gran exactitud.

A. ¿Entendiste? Contesta las preguntas.

1. ¿Cuáles son los relojes más ornados? ¿Cuáles son los más simples?

   ____

2. ¿Sabemos la fecha de la invención del reloj?

   ____

3. ¿Sabemos quién es el inventor del reloj?

   ____

Palabras útiles

el reloj	máquina para decir la hora
la pulsera	*wrist*
la condesa	*countess*
diseñado	*designed*
el siglo	100 años
el bolsillo	*pocket*
ornados	decorados
el oro	metal precioso
la decena	grupo de diez
la pieza	*piece*
se unen	se juntan
dirigido	*run (directed) by*
el peso	*weight*
el asunto	*subject*
los engranes	*gears*

B. Cognados. Busca los cognados en español de estas palabras en inglés.

1. paint ______________________________
2. pearls ______________________________
3. function ______________________________
4. quartz ______________________________
5. requiring ______________________________

C. Los relojes no andan. Imáginate que mañana todos los relojes del mundo dejan de andar (***stop working***) durante seis horas. Tienes seis horas adicionales para hacer lo que quieres hacer. ¿Qué vas a hacer? ¿Te gusta la idea de un día de treinta horas? ¿Por qué o por qué no?

____

____

____

____

____

____

____

____

PARA ESCRIBIR

Tu actitud con respecto a la hora

Escribe un párrafo sobre tu actitud con respecto a la hora. Puedes usar expresiones como **Me enojo cuando..., Otros se enojan cuando yo..., Me siento estresado(a) cuando...** Puedes contestar las siguientes preguntas: ¿Siempre llegas tarde, temprano o a tiempo a ciertos eventos? ¿Te gusta tener el tiempo planeado o libre y flexible? ¿Te olvidas a veces de la hora? (Da un ejemplo.) ¿Te preocupas por no tener suficiente tiempo? ¿Tienes la misma actitud que tus compañeros o familiares (***relatives***)? Explica.

Capítulo 5

Asuntos de familia

VOCABULARIO

IMÁGENES Y PALABRAS

A. Una reunión. Completa la narración con palabras apropiadas.

Me llamo Laura y tengo una familia grande. Este mes vamos a tener una (**1.**) ______________ de toda mi familia. Vamos a (**2.**) ______________ para celebrar el (**3.**) ______________ de mi (**4.**) ______________ Enriqueta, (la madre de mi abuela paterna), que va a (**5.**) ______________ cien años. Tengo abuelos, tíos y otros (**6.**) ______________ viejos, pero Enriqueta es la (**7.**) ______________ de la familia. Tiene seis hijos y trece (**8.**) ______________. Es (**9.**) ______________; su marido murió hace años. Pero Enriqueta está enamorada de Carlos, un hombre de noventa y cinco años, cinco años (**10.**) ______________ que ella, y este año los dos viejos van a casarse; es decir que están (**11.**) ______________.

Como todas las familias, a veces nosotros no nos (**12.**) ______________ bien, pero por lo general hay mucho amor. Todos son muy amables, pero también son algo extraños. Por ejemplo, la hermana de mi papi, mi (**13.**) ______________ Amalia, siempre se queja de estar enferma y en realidad no lo está.

Pedro y Pablo, los hijos de la tía Amalia, son mis (**14.**) ____________ favoritos. Son gemelos (nacieron juntos) y se (**15.**) ____________ tanto el uno al otro que son idénticos. A veces les gusta engañar a la gente fingiendo (*pretending*) ser el otro, a veces ellos mismos no saben por seguro quién es quién. Enriqueta tiene cinco hermanos pero cuatro son (**16.**) ____________; no están casados porque son hombres difíciles. El otro hermano ahora tiene esposa, ¡acaba de (**17.**) ____________ a los ochenta años!

B. La familia de Laura. Lee otra vez la actividad A y completa este resumen.

1. Amalia es la ____________ de Enriqueta.
2. Pedro y Pablo son los ____________ del padre de Laura.
3. Pedro va a ser el ____________ de los hijos de Pablo.
4. Carlos va a ser el ____________ de los hijos de Enriqueta.
5. Laura no tiene hermanos; ella es hija ____________.

C. Aspectos personales. Contesta las preguntas con frases completas.

1. ¿Quién es tu pariente más interesante y extraño(a)? ¿Cómo es? ¿Qué cosas hace?

   ____

   ____

2. ¿Acaba de casarse algún amigo o familiar? ¿Quién es?

   ____

   ____

3. ¿Te gusta compartir historias de tus parientes? ¿Por qué? ¿De qué hablas?

   ____

   ____

4. ¿Te pareces a otra persona de tu familia? ¿Quién es?

   ____

   ____

5. ¿Qué pariente influye mucho en ti? ¿De qué manera?

6. ¿Eres hijo(a) único(a)? ¿Piensas que es mejor ser el único o tener hermanos? ¿Por qué?

7. ¿Con quién te llevas bien? ¿Con quién te llevas mal? ¿Por qué?

D. ¿Cómo es? ¿Cómo está? Escribe una frase para describir cada imagen.

Por ejemplo: La familia está muy contenta.

Ramón tiene treinta años.

Lucinda tiene veinticinco años.

1.

2.

3. ______________________________
____
____
____

4. ______________________________
____
____
____

GRAMÁTICA 1

A. Un desastre familiar. Completa las frases con la forma correcta del pretérito de los verbos.

Hace unos años yo (**1.**juntarse) __________________ con mi familia para celebrar el cumpleaños del tío Pepe. Pepe (**2.** cumplir) __________________ cincuenta años aquel día. Sus hijos, Juan y Ramón, le (**3.** hacer) __________________ una fiesta e (**4.** invitar) __________________ a toda la familia menos al primo Rodolfo. Juan (**5.** olvidarse) __________________ de invitarlo y después Rodolfo no le (**6.** hablar) __________________ nunca más en la vida. Esto (**7.** ser) __________________ el primer desastre.

La fiesta (**8.** comenzar) __________________ mal y ¡(**9.** terminar) __________________ peor! El tío Raúl (**10.** pelearse) __________________ con su mujer durante la fiesta y ellos (**11.** divorciarse) __________________ unos meses después. Muchos parientes que normalmente lo pasaban bien (**12.** llevarse)

________________________ muy mal. Mi prima Ana y yo (**13.** ver)

________________________ todos los problemas y (**14.** decidir)

________________________ mudarnos muy lejos. Pero yo no (**15.** mudarse)

________________________ porque en realidad quiero mucho a mi familia

aun cuando se llevan mal.

B. Aspectos personales. Contesta las preguntas con frases completas.

1. ¿Fuiste recientemente a una reunión con tu familia? ¿Cuándo?

____

____

2. ¿Se juntaron Uds. en un restaurante o en casa? ¿Por qué?

____

____

3. ¿Viste a parientes que no ves con frecuencia? ¿A quiénes?

____

____

4. ¿Compartieron Uds. historias del pasado? ¿De qué hablaron?

____

____

5. ¿Hablaste con muchos parientes o sólo con unos pocos? ¿Por qué?

____

____

6. ¿Quién hizo la fiesta? ¿Cómo fue?

____

____

7. ¿Conociste a alguien nuevo en la fiesta? ¿A quién? ¿Cómo es?

____

____

C. Bonitos recuerdos. Éstas son fotos del álbum de la familia Gutiérrez. Escribe lo que pasó en cada foto. Escribe las fechas con palabras.

Por ejemplo: Juan y Amelia se conocieron en 1952 (mil novecientos cincuenta y dos).

Juan y Amelia 1952

1953

1. ______________________________

____

____

Alicia, 1955

2. ______________________________

____

____

Acapulco, 1960

3. ______________________________

____

____

1963

4. ______________________________

____

____

1972

5. ______________________________

____

____

D. Hoy y ayer. Escribe frases para indicar que el pasado fue diferente del presente.

Por ejemplo: Hoy estudio mucho.
Ayer no estudié nada.
Este año no trabajo mucho.
El año pasado trabajé mucho.

1. Hoy me levanto temprano. ______________________
2. Hoy hago mi tarea. ______________________
3. Hoy me llevo bien con mi hermano. ______________________
4. Este año viajo mucho. ______________________
5. Esta semana mis amigos van al cine. ______________________
6. Esta noche me quedo en casa. ______________________

GRAMÁTICA 2

A. Una boda famosa. Completa las preguntas con la forma correcta del pretérito de los verbos. Después contesta las preguntas.

Por ejemplo: ¿Quién **fue** una novia muy linda? (ser)
Carolyn Bessette fue una novia muy linda.

SÍ, ACEPTO...

El vestido del año fue el de Carolyn Bessette, diseñado por el cubano Narciso Rodríguez de la casa Cerrutti. Esta rubia escultural llevó al altar a John John Kennedy y hoy en día se venden réplicas del traje con el lema: "pudo haber sido usted". Lo cierto es que el vestido de Carolyn impactó por su sencillez y su sensualidad. La tela abrazaba el cuerpo y la novia no sólo fue linda y envidiada... sino también muy deseada.

1. ¿Cómo ________________ Carolyn? (vestirse)

____

2. ¿Con quién ________________ Carolyn? (casarse)

____

3. ¿Quién ________________ el padre famoso del novio? (ser)

____

4. ¿Cuándo ________________ este hombre famoso? (morirse)

____

5. ¿Por qué ________________ muchas mujeres a Carolyn? (envidiar [*to envy*])

____

6. ¿________________ mucho su vestido a otros vestidos? (influir)

____

7. En tu opinión, ¿________________ todos en esta boda elegante? (divertirse)

____

B. Una boda singular. Completa la narración con la forma correcta del pretérito de los verbos.

Hace unos meses yo (**1.** ir) ________________ a una boda muy extraña. Los dos novios (**2.** ser) ________________ fanáticos de las películas viejas. Ellos (**3.** conocerse) ________________ por primera vez en el cine, durante un festival de las películas de Humphrey Bogart. Aquella noche ellos (**4.** ver) ________________ "Casablanca" y (**5.** sentirse) ________________ muy románticos. Por eso (**6.** decidir) ________________ tener la boda en el cine. El novio (**7.** conseguir) ________________ todas las entradas (***tickets***) del cine y los dos (**8.** invitar) ________________ a todos sus parientes y amigos. Al principio muchos (**9.** reírse) ________________ de la idea, pero después nosotros (**10.** divertirse) ________________ mucho. El único problema

(**11.** ser) ________________ que algunas personas tienen la costumbre de dormirse en el cine, y varios parientes (**12.** dormirse) ________________ en la oscuridad durante la ceremonia. Yo no (**13.** dormirse) ________________ porque me (**14.** encantar) ________________ tanto el espíritu romántico de los novios.

C. Bodas diferentes. Escribe los verbos en el pretérito.

1. Leo sobre varias bodas diferentes. ________________

2. Una novia, fanática de la muñeca Barbie se viste como la ***Barbie doll.***

____

3. Otros novios, fanáticos de Disney, se visten de Micky y Minnie y se casan en el Mundo de Disney. ________________ ________________

4. A los padres de la novia no les gusta esta idea pero todos los niños se divierten mucho en la boda. ________________ ________________.

D. Crucigrama. Completa el crucigrama con la forma correcta de los verbos en el pretérito.

Horizontales

1. Los parientes le (dar) muchos regalos a la novia.
4. Yo (leer) una revista de novias.
5. ¿Tú (dar) un paseo antes de entrar en la iglesia?
7. El ex novio (oír) de la boda.
8. Él se (quedar) en casa el día de la boda.
9. Yo (buscar) el amor de mi vida.
11. Yo (oír) que el vestido fue magnífico.
12. Yo (hacer) una fiesta en honor de los novios.

Verticales

1. El novio no (dormir) la noche antes de la ceremonia.
2. La novia (ser) muy linda.
3. Yo la (ver) antes de la boda.
4. Sus parientes (leer) la invitación con gran alegría.
5. El novio le (dar) un anillo a la novia.
6. Yo (sacar) muchas fotos de la boda.
10. El primo de la novia (sacar) fotos también.

LECTURA

VOCES DEL MUNDO HISPANO

Con Cristina: César Evora

Lee el artículo y completa las actividades que siguen.

César Evora: "No soy un padre autoritario; soy amigo

PADRES PARECIDOS

En la fantasía de las telenovelas, ellos son los galanes guapos, fuertes, irresistiblemente románticos. Pero, ¿cómo son lejos de las cámaras, cuando en la intimidad del hogar, desempeñan el papel más importante de sus vidas?

En el caso de César Evora, el actor cubano de voz grave que estelariza la telenovela *Luz Clarita*, el argumento de la trama se confundió con un triste aspecto de su realidad...

"Yo interpreto a Mariano de la Fuente, un viudo muy serio, muy recto, que tiene una hija con problemas emocionales. Para ayudarla, lleva a su casa a una niña —Luz Clarita quien, poco a poco, lo va volviendo un hombre más tierno y humano", cuenta. "A mí esto me sirvió como una especie de catarsis, porque aunque resido en México con mi esposa Vivian y mi hija Carla, de 3 años y medio, tengo dos hijos que viven en Cuba..."

Rafael, de 11 años, y Mariana, de 10, son hijos de un primer matrimonio, y viven con su madre en La Habana, Cuba. Una vez el año — durante los meses de vacaciones escolares— visitan a su papá y hermana en Cuidad México.

"Cuando comencé a actuar en *Luz Clarita*, llevaba seis meses sin verlos, y creo que a través de mi actuación pude expresar muchos sentimientos paternales".

¿Cómo se siente ser papá a "larga distancia"?

"Es una de las pruebas más duras que me ha dado la vida". dice. "Es que mi padre fue de 'larga distancia', porque él se fue de Cuba en 1968, y no volví a verlo hasta 1988, cuando nos reunimos en Nueva York. Y aunque dicen que 'veinte años no es nada', sí es mucho tiempo para estar separados. Mi vida sin él fue durísima, porque, sobre todo al varón, el padre le hace mucha falta. Me fui formando, y llegué a la madurez buscando su imagen, agrediéndola, defendiéndola, rechazándola".

A. ¿Entendiste? Contesta las preguntas.

1. ¿Cuál es la profesión de César Evora?

____

2. ¿Dónde vive?

____

Palabras útiles

la telenovela	*soap opera*
lejos	*far*
el hogar	donde vive una persona
el papel	*role*
la luz	*light*
el argumento de la trama	*the plot*
se confundió	*got confused*
lo va volviendo	*is turning him into*
tierno	cariñoso
duras	difíciles
el varón	persona del sexo masculino

3. ¿Con quién vive?

____

____

4. ¿Cuántos hijos tiene?

____

____

5. ¿Quién es el mayor de los hijos?

____

____

6. ¿Por qué no viven todos con él?

____

____

7. ¿Qué memorias tristes tiene César Evora?

____

8. ¿Cuándo ve César Evora a sus hijos?

____

9. ¿Qué tiene César Evora en común con su propio padre?

____

B. Palabras similares. Busca los cognados en español de lo siguiente.

1. I reside ______________________________

2. aspect ______________________________

3. reality ______________________________

4. catharsis (great release of emotion) ______________________________

5. sentiments ______________________________

6. maturity ______________________________

C. Sinónimos. Indica el sinónimo más probable.

1. galanes
   - **a.** niños
   - **b.** hombres jóvenes
   - **c.** viejos
   - **d.** fotógrafos
2. poco a poco
   - **a.** tristemente
   - **b.** rápido
   - **c.** no muy rápido
   - **d.** sin amor
3. nos reunimos
   - **a.** nos juntamos
   - **b.** nos olvidamos
   - **c.** nos casamos
   - **d.** nos escribimos

D. Parientes a larga distancia. César Evora habla de los problemas y la tristeza de ser hijo de un padre a "larga distancia". En nuestra sociedad en movimiento, mucha veces los parientes se mudan lejos de la familia. Describe tu relación con un/a pariente a larga distancia. Usa el vocabulario del Capítulo 5 para contestar estas preguntas: ¿Quién es? (tío, primo, etc.) ¿Cuándo se mudó, adónde y por qué? ¿Cuál es su estado matrimonial? ¿Te llevas bien con este pariente? ¿Cuándo se juntan Uds.? ¿Qué haces para mantener buenas relaciones entre parientes lejanos?

PARA ESCRIBIR

¿Qué significa ser "viejo"?

A. Escribe un párrafo sobre cómo es ser viejo en los Estados Unidos. Describe los estereotipos de los viejos en esa cultura. ¿Qué imágenes en la televisión y las revistas contribuyen a estos estereotipos? ¿Puedes citar ejemplos de personas viejas que contradicen estos estereotipos?

B. Describe una experiencia que tuviste (***had***) con un/a pariente viejo(a) que contradice los estereotipos de que acabas de escribir.

Capítulo 6

Los hitos de la vida

VOCABULARIO

IMÁGENES Y PALABRAS

A. Según el contexto. Para completar las siguientes conversaciones, selecciona el verbo apropiado, según el contexto.

1. —Voy a dar una fiesta la semana que _______________ (viene/va). ¿Quieres ir?

—Sí, por supuesto. ¿Qué te puedo _______________ (llevar/traer) para la fiesta?

2. —Mis padres _______________ (vienen/dicen) a visitar este sábado y no tengo idea dónde llevarlos. ¿Me _______________ (recomiendas/pides) un buen restaurante?

—Sí, claro. Siempre _______________ (recomiendo/pido) el restaurante California. Es uno de los mejores de la ciudad.

—Pero dicen que en el California todo _______________ (cuesta/paga) muy caro. No puedo _______________ (gastar/costar) mucho porque no tengo mucho dinero.

3. —Mañana es el cumpleaños de mi novia y le quiero _______________ (pedir/decir) "te quiero" de una manera extraordinaria.

—¿Por qué no le _______________ (llevas/traes) flores? Las chicas siempre nos _______________ (regalan/piden) flores.

4. —Disculpe, señor. Me ______________ (pidieron/dijeron) que en esta calle hay un almacén muy grande.

—¿Quién le ______________ (dijo/dijeron) eso? En esta calle no hay nada.

5. —Señor, Uds. me ______________ (pagaron/vendieron) este aparato electrónico. Pero no es el que les ______________ (pedí/vendí).

—Si no es el aparato que Ud. ____________ (pagó/pidió), le podemos devolver el dinero que ______________ (pagó/pidió).

B. El ático de la abuela Mimi. Completa la narración con las palabras apropiadas.

En su ático la abuela Mimi tiene todos los recuerdos de una larga vida. Las varias (**1.**) ______________________ que ella tiene en el ático no cuestan mucho, es decir que no son (**2.**) ______________________ pero tienen gran valor sentimental. Como Mimi es viuda, muchos de los (**3.**) ______________________ le recuerdan a su difunto marido Jorge. En una (**4.**) ______________________ enorme ella tiene todos los (**5.**) ______________________ que Jorge le regaló. Tiene un (**6.**) ______________________ que siempre marca la misma hora, pues hace años que no funciona. Jorge se lo regaló en la ocasión de su (**7.**) ______________________ de veinte años. Tiene un libro de poemas de Pablo Neruda y entre las páginas una (**8.**) ______________________ seca (*dried*) que él le dio la noche que se conocieron. También hay todas las (**9.**) ______________________ de amor y (**10.**) ______________________ de felicitaciones que su marido le escribió, una (**11.**) ______________________ de música, un par (*pair*) de (**12.**) ________________ de cuero, y un súeter de (**13.**) ________________ para el invierno. En otra caja hay la (**14.**) ________________ del primer vino que compartieron, las figuritas de encima del (**15.**) ________________ de boda, una foto de una casa que fue el primer (**16.**) ________________ en que vivieron juntos, y la (**17.**) ________________ de (**18.**) ________________ que Jorge usaba con su reloj de bolsillo (*pocket*). En una bolsa de plástico está el vestido de (**19.**) ________________ que Mimi llevó el día de la boda. Hay una caja más en el ático pero Mimi no puede abrirla (*open*) porque no tiene la (**20.**) ________________.

C. ¿De qué es? Identifica las imágenes.

Por ejemplo: Es una billetera de cuero.

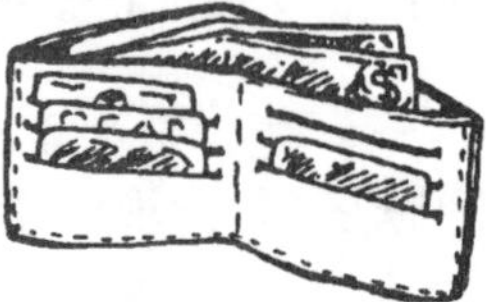

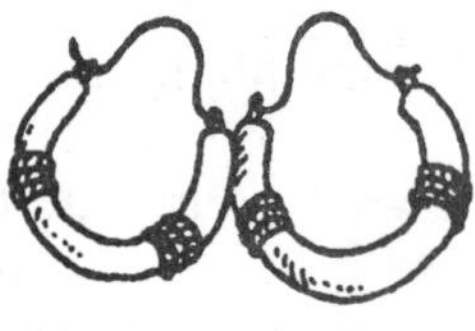

No son de oro.

1. ________________
____

2. ________________
____

3. ________________
____

4. ________________
____

5. ________________
____

D. ¿Dónde puedo comprar...? ¿Dónde puedes comprar los siguientes artículos? En cada caso menciona un artículo más.

Por ejemplo: guantes
Puedo comprar guantes y vestidos (camisetas, etc.) en el almacén.

1. chocolate ______________________________

____

2. llaves ______________________________

____

3. libros ______________________________

____

4. aretes ______________________________

____

5. plumas ______________________________

____

GRAMÁTICA 1

A. Dicho y hecho. Usa los pronombres de complemento indirecto para decir lo que se dice y lo que se hace en las siguientes situaciones.

Por ejemplo: ¿Qué le dices a un amigo que está de cumpleaños?
Le digo "feliz cumpleaños".

1. ¿Qué le dices...?

a la gente cuando contestas el teléfono

____

____

a tu jefe cuando llegas al trabajo

____

____

2. ¿Qué le preguntas...?

al jefe en una entrevista de trabajo

____

____

a una persona que acabas de conocer

____

____

3. ¿Qué le(s) envías...?

a la empresa si quieres conseguir un puesto

____

____

a un/a familiar en el día de su santo

____

____

4. ¿Qué les venden a Uds...?

en la ferretería

____

____

en la dulcería

____

____

en la joyería

____

____

en la papelería

____

____

B. Por el amor de Marisol. Describe cada imagen según el modelo, usando los pronombres de complemento indirecto y los verbos indicados.

Por ejemplo: regalar
Ernesto le regala rosas a Marisol.

1. decir ______________________________

2. llevar ______________________________

3. escribir, enviar ______________________________

4. mostrar ______________________________

5. escribir, leer ______________________________

6. decir, dar ______________________________

C. Aspectos personales. Contesta las preguntas con frases completas.

1. ¿Quién te hace regalos de cumpleaños?

____

2. ¿Quién les enseña a Uds. español?

____

3. ¿Quién te presta ropa?

____

4. ¿Quién te pide cosas imposibles?

____

5. ¿Quién les da a Uds. muchas tareas?

____

D. Sentimientos. ¿Qué te evocan las siguientes emociones? Usa los pronombres de complemento indirecto para expresar por lo menos dos causas en cada caso.

Por ejemplo: Me siento nerviosa . . . cuando **les muestro** mis notas a mis padres, cuando mi jefe **me habla** y cuando mis profesores **me hacen preguntas**.

1. Me enojo cuando ____

____

2. Me siento deprimido(a) cuando ____

____

3. Estoy preocupado(a) cuando ____

____

4. Me siento feliz cuando ____

____

5. Me siento aburrido(a) cuando ____

____

6. Estoy nervioso(a) cuando ____

____

GRAMÁTICA 2

A. Comparaciones. Usa las siguientes expresiones para formar tus propias comparaciones.

Por ejemplo: hablar menos cuando... que cuando...
Hablo menos cuando me siento nervioso que cuando me siento tranquilo.

1. sacar peores notas en... que en...

2. prestar más atención en... que en...

3. pedirles a mis padres más dinero en... que en...

4. reírse más con... que con...

5. demostrarme mejor amigo(a) cuando... que cuando...

6. vestirme peor cuando... que cuando...

7. enviarles más correo electrónico a... que a...

8. comprar mejores regalos en... que en...

____

____

B. Para comparar. Escribe una comparación, usando **más** o **menos**, según el modelo. Cambia el adjetivo si es necesario. Recuerda: **bueno**, **malo**, **viejo** y **joven** son diferentes.

Por ejemplo: plata/caro/madera
La plata es más cara que la madera.
abuelo/viejo/tío
Mi abuelo es mayor que mi tío.

1. parientes/guapo/actores del cine

____

2. aretes/caro/cadena

____

3. montar en bici/bueno para la salud/ir en auto

____

4. rosa/romántico/cacto

____

5. una semana de exámenes/malo/semana de descanso

____

6. la lana/suave(*soft*)/el cuero

____

C. Estoy tan cansado que... Usa **tan** o **tanto** (**tanta, tantos, tantas**) para escribir frases nuevas.

Por ejemplo: Estoy cansada.
Estoy tan cansada que voy a acostarme sin comer.
Juan tiene muchos parientes.
Tiene tantos parientes que no pueden juntarse todos en una casa.

1. La cadena de oro es muy cara.

____

2. Los jóvenes están muy enamorados.

____

3. Mario llega muy tarde a la clase.

____

4. Teresa tiene muchos problemas.

____

5. Mi amigo tiene muchas cintas de música.

____

6. El alumno está muy estresado.

____

7. Tengo mucha tarea.

____

GRAMÁTICA 3

A. "Los días de nuestra vida". Completa la narración con el pretérito de los siguientes verbos (algunos se usan más de una vez) para saber lo que pasó en el último episodio de esta emocionante telenovela.

leer	saber	llamar	tener
hacer	ir	ser	venir
poder	decir	nacer	querer
preguntar	traer	parecer	cambiar
resultar			

Ayer Rodrigo (**1.**) ____________________ una carta de su hermano Arturo.

Rodrigo (**2.**) ____________________ la carta pero no

(**3.**) ____________________ creer lo que decía porque le

(**4.**) ____________________ tan imposible, y no (**5.**) ____________________

aceptar la información; (**6.**) ____________________ tan horrible. ¡Su

hermano ya no (**7.**) ____________________ su hermano! Cuando Arturo (**8.**)

____________________, una enfermera lo (**9.**) ____________________ con

otro bebé. Rodrigo (**10.**) ____________________ a su mamá por teléfono, y le

(**11.**) ______________ sobre este misterio. —Es verdad—, le

(**12.**) ______________ su mamá. La enfermera me

(**13.**) ______________ el bebé de otra mujer. Después de un año, yo

(**14.**) ______________ la verdad pero no (**15.**) ______________

decirle a nadie. Un año después, Arturo (**16.**) ______________ otra

sorpresa. ¡Su pareja de veras (**17.**) ______________ ser su hermana!

B. Aspectos personales. Completa las preguntas con la forma correcta del pretérito. Después contesta las preguntas.

Por ejemplo: (venir/tú) **¿Con quién *viniste* a la clase?**
Vine con mi amigo Carlos.

1. (estar/tú) ¿Dónde ______________ anoche a las nueve?

____

2. (saber/Uds.) ¿______________ del escándalo que pasó anoche?

____

3. (poder/tú) ¿______________ terminar toda la tarea anoche?

____

4. (querer) ¿______________ hacer el gran favor que te pidió tu amigo?

____

5. (decir) ¿Les ______________ la verdad a tus padres sobre la fiesta que hiciste en su ausencia?

____

C. El diario de Juana. ¿Qué le quiso decir Juana a Juan en la actividad de la página 189 de tu libro de texto? Aquí tienes su diario. Cambia los verbos de presente a pasado para resumir su historia.

15 de abril

Tengo cuatro días de descanso en Chicago. Mi amiga Lidia me muestra la ciudad y saco muchas fotos. ¡Me divierto tanto en los museos y en las tiendas encuentro cosas increíbles!

16 de abril

Lidia me presenta a su primo, Alfredo. ¡Pero qué chico más guapo! Los tres vamos al cine pero yo no veo la película. Sólo pienso en Alfredo porque me da la impresión de que se divierte mucho conmigo. Después, al llegar a casa de Lidia, me pide mi teléfono.

18 de abril

Me despido de Alfredo en casa de Lidia. Me da una cadena de oro como recuerdo del tiempo que pasamos juntos y me dice "Te quiero, Juana". ¡Qué sorpresa! Casi me muero de emoción.

19 de abril

Ya me voy y estoy tan deprimida. Me cuesta mucho separarme de Alfredo. Alfredo no quiere ir al aeropuerto a despedirse de mí. Según Lidia, es que Alfredo no quiere sentirse triste.

____

____

____

____

____

20 de abril

Juan me viene a visitar. Me pide las fotos del viaje a Chicago. Pero cuando le muestro las fotos, se ríe y me dice "¿Sólo sacas fotos de estatuas y edificios?" Entonces ve una foto de Alfredo y casi se muere de enojo. "¿Estás cuatro días con otro y nunca piensas en mí?". Y, con eso, se va, furioso.

____

____

____

____

____

25 de abril

Mis padres me dicen que Juan sale con una prima de Lidia.

____

____

LECTURA

VOCES DEL MUNDO HISPANO

Un cumpleaños infantil

Lee el artículo y completa las actividades que siguen.

Cumpleaños de Alex Venegas

El simpático Alejandro Venegas Peña fue objeto de una divertida fiesta para celebrar su cumpleaños número tres.

Lo más importante para Alejandro fue rodearse de tantos amiguitos y de su respectiva familia.

A la grata reunión asistieron los niños León Venegas, Venegas Tejada, Rodríguez Pulido, y muchos más que disfrutaron una estancia de lo más agradable.

Josefina Cordero de Peña y Angelita Félix de Venegas no podían faltar en la convivencia de su nieto, a quien acompañaron en todo momento y le brindaron hermosos presentes.

Los padres de Alejandro, José Manuel y Martha Peña de Venegas, no sólo se distinguieron por su labor como organizadores de la convivencia, sino también fungieron° como amables anfitriones, no descuidando ningún detalle.

Ante la insistencia de sus invitados, el cumpleañero abrió los regalitos que tuvieron el gusto de brindarle, por ello expresó las gracias con gran entusiasmo.

En compañía de sus padres, José Manuel y Martha Peña de Venegas, apreciamos al simpático Alejandro, protagonista del festejo.

Palabras útiles

faltar en *to miss*

el anfitrión *host*

fungieron *served*

A. ¿Entendiste? Contesta las preguntas.

1. ¿Cuántos años cumplió Alex?

____

____

2. ¿Quiénes son Josefina Cordero de Peña y Angelita Félix de Venegas?

____

3. Según el artículo, ¿por qué abrió Alex sus regalos?

____

B. ¿Qué significa? Escoge la mejor opción.

1. El significado más probable de **rodearse de** es
   a. to be invited by
   b. to be surrounded by
   c. to meet
   d. to ride with

2. El sinónimo más probable de **convivencia** es
   a. regalo
   b. familia
   c. fiesta
   d. grupo de amigos

3. El sinónimo más probable de **brindaron** es
   a. ofrecieron
   b. recibieron
   c. enviaron
   d. quisieron

PARA ESCRIBIR

¡Felicidades!

Usando el estilo del artículo **Un cumpleaños infantil**, escribe una descripción del cumpleaños de un/a niño(a) que conoces tú. ¿Qué recibió el/la niño(a)? ¿Quién le dio cada regalo? ¿Cuál fue el mejor/peor regalo que recibió?

____

____

____

____

____

____

____

____

____

Capítulo 7

Hogar, dulce hogar

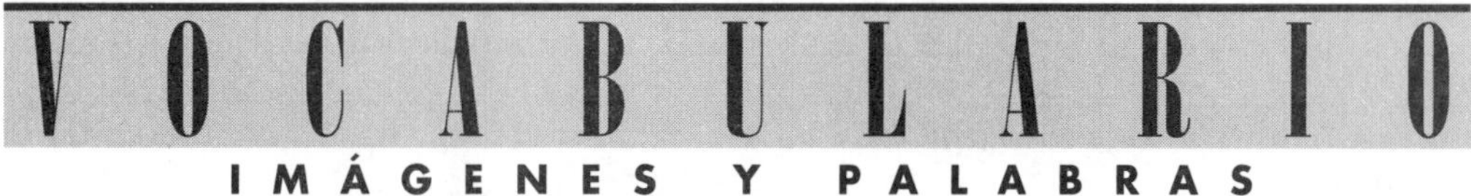

IMÁGENES Y PALABRAS

A. Rita "Relajada" y Susana "Superordenada". Completa las frases con palabras apropiadas (algunos verbos se usan más de una vez).

Rita Relajada vive en un (**1.**) ________________ en un edificio alto en la ciudad. Trabaja todo el día y de noche sale con sus amigos. No tiene tiempo para (**2.**) ________________ sus cosas o para limpiar, y la verdad es que no le importa mucho. Una vez ella se fue de vacaciones y antes de irse no tuvo tiempo para (**3.**) ________________ el montón de (**4.**) ________________ en el fregadero°. Como Rita no quería invitar a las cucarachas, (**5.**) ________________ todos los (**6.**) ________________ sucios° en la bañera°, la llenó de agua y jabón y se fue por dos semanas. Cuando volvió, todo estaba limpio°, ¡y no vio ni una cucaracha! Ella sólo tenía que (**7.**) ________________ los platos y (**8.**) ________________los en los (**9.**) ________________ en la cocina. ¡Qué lista° es Rita!

Palabras útiles

el fregadero	*sink*
sucios	*dirty*
la bañera	*bathtub*
limpio	*clean*
lista	inteligente
sucio	no limpio
la fila	*row*

Susana Superordenada, la hermana de Rita es muy diferente. Susana vive en las (**10.**)

_________________________ de la ciudad, en una casa de

(**11.**) _________________________ rojos. Todos los días ella

(**12.**) _________________________ la casa y (**13.**) _________________________

todas las cosas en su lugar. Después (**14.**) _________________________ las

camas y (**15.**) _________________________ la aspiradora. No tiene que lavar

los platos porque hay un (**16.**) _________________________ en la cocina.

Susana pone la ropa sucia° en la (**17.**) _________________________ y luego

en la (**18.**) _________________________. Después de terminar los

(**19.**) _________________________ dentro de la casa, sale al

(**20.**) _________________________ donde tiene un

(**21.**) _________________________ de rosas, todas ordenadas perfectamente en

filas°. Entonces entra para (**22.**) _________________________ la mesa para

el almuerzo.

B. Quehaceres de la casa. Según las imágenes, ¿qué tiene que hacer cada persona?

Por ejemplo: Tiene que ordenar el salón.

1. _________________________

____

2. _________________________

____

3. _________________________

____

4. ______________________

____

5. ______________________

____

6. ______________________

____

7. ______________________

____

8. ______________________

____

9. ______________________

____

C. ¿Dónde está? Según las imágenes, indica dónde está cada animal.

Por ejemplo: El caballo grande está adentro; el caballo pequeño está afuera.

1. ______________________

____

____

____

____

2.

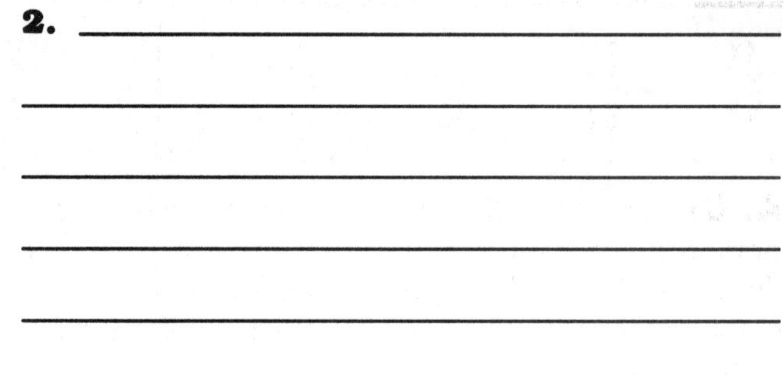

3.

4.

GRAMÁTICA 1

A. Un cuento de hadas: la Cenicienta. En la siguiente escena, tiene que trabajar mucho Cenicienta, un personaje bien conocido de un cuento de hadas. Trata de mejorar los párrafos sustituyendo los pronombres de complemento directo cuando sea posible. Luego, adivina: ¿Quién es la Cenicienta?

Me desperté porque una voz áspera pronunció mi nombre:

—¡¡Cenicienta!!— Era la voz de mi madrastra. Tuve que escuchar a mi madrastra.

—¡Tú, floja! Tienes que pasar la aspiradora. ¿Ya pasaste la aspiradora?

—No pude pasar la aspiradora, Madrastra. Es que... no funciona.

—Pues, tienes que reparar la aspiradora. ¡Y pronto! ¿No recuerdas que hoy viene don Felipe? Invité a don Felipe a almorzar. Tu hermanastra quiere conocer a don Felipe.

—Pero sólo son las cinco de la mañana, Madrastra.

—¿Y a mí qué me importa la hora? Mira esta planta. ¿Por qué no riegas la planta? Y los muebles, ¿por qué no sacudiste los muebles? Tiene que hacer tus quehaceres, desobediente, y ¡rápido! ¿Cuándo vas a terminar tus quehaceres?

____

____

____

____

____

____

____

____

____

____

____

____

____

____

____

____

____

B. Otro cuento de hadas: una Blancanieves° contemporánea.

¡Blancanieves ya está harta de pasar todos los días trabajando en casa! Hoy les dio una lista de quehaceres domésticos a los enanos°. Una X indica que el enano ya hizo el quehacer. Si no hay X, el enano va a hacer el quehacer después. Contesta las preguntas que siguen usando pronombres de complemento directo.

Palabras útiles

Blancanieves	*Snow White*
el enano	*dwarf*

Bobo
barrer el suelo
lavar la ropa X

Alegre
regar las rosas X
ordenar la casa X

Tímido
guardar la ropa
limpiar el baño X

Dormilón
poner la mesa
lavar los platos

Doc
hacer las camas X
lavar las ventanas

Blanca
preparar la comida
dirigir el trabajo de la casa X

Estornudo
cortar el césped
sacar la basura X

Enojado
secar los platos
limpiar el sótano

Por ejemplo: ¿Quién sacó la basura?
Estornudo la sacó.

1. ¿Lavó Doc las ventanas? ______________________
2. ¿Quién terminó todos sus quehaceres? ______________________
3. ¿Quién tiene que limpiar el sótano? ______________________
4. ¿Limpió Tímido el baño? ______________________
5. ¿Quién va a lavar los platos? ______________________
6. ¿Guardó Tímido la ropa? ______________________
7. ¿Quién tiene que secar los platos? ______________________

8. ¿Quién hizo las camas? ____________________

9. ¿Quiénes no hicieron ninguno de sus quehaceres?

____

C. Aspectos personales. Contesta las preguntas usando los pronombres de complemento directo. Usa el presente o pretérito, según la pregunta.

1. ¿Sacaste la basura ayer? ____________________

2. ¿Quién limpió el baño? ¿Cuándo? ____________________

3. En tu hogar, ¿quién prepara la comida? ____________________

4. ¿Quién barre el suelo? ____________________

5. Algún día cuando tengas tu propia familia, ¿va a hacer una persona todos los quehaceres? ____________________

GRAMÁTICA 2

A. La visita del tío Hernando. Completa la narración con la forma correcta del pretérito o del imperfecto de los verbos.

Recuerdo la última vez que (**1.** ver) ____________ a mi tío Hernando. Aquel lunes (**2.** ser) ____________ como cualquier día normal. (**3.** ser) ____________ las ocho cuando yo (**4**. despertarse) ____________ y (**5.** entrar) ____________ a la cocina. (**6.** Buscar) ____________ un plato limpio pero no (**7.** haber) ____________ limpios en toda la cocina. Como siempre, la casa (**8.** estar) ____________ desordenada. A las nueve (**9.** recibir) ____________ una llamada telefónica de mi prima y ella me (**10.** decir) ____________ que mi tío Hernando (**11.** ir) ____________ a visitarme muy pronto. Mi tío Hernando (**12.** tener) ____________ ochenta años y (**13.** ser) ____________ mi tío favorito. Pero a él le (**14.** molestar)

_______________ el desorden. ¡Yo no (**15.** querer)

_______________ mostrarle mi casa como (**16.** estar) _______________!

Traté de ordenar la casa pero no (**17.** poder) _______________ terminar. El tío Hernando (**18.** llegar) _______________ y (**19.** ver) _______________ el desorden. Pero Hernando me (**20.** conocer) _______________ bien y (**21.** decir) _______________ que su sobrina favorita no (**22.** ser) _______________ una persona ordenada. Me (**23.** gustar) _______________ como soy.

B. Recuerdos de la niñez. Describe aspectos de tu niñez, según el modelo.

Por ejemplo: tu juguete favorito / ser
Mi juguete favorito era un carro pequeño.

pasar / los veranos
Pasaba los veranos en la playa.

1. en la tele/mirar

____

____

2. tu programa favorito/ser

____

____

3. jugar/los sábados

____

____

4. pasar/las vacaciones

____

____

5. para tus cumpleaños/querer

____

____

C. ¿Qué pasaba? Usa el imperfecto para describir todo lo que pasaba en la casa de la señora Gómez mientras ella trabajaba. Ahora todo es diferente porque ella tiene una ama de casa (***housekeeper***) muy estricta. Pero en el pasado todos hacían lo que les daba la gana.

1. Arturo ____

2. Carlos ____

3. María ____

4. Rodolfo ____

5. Diego y Carmen ____

LECTURA

VOCES DEL MUNDO HISPANO

Recuerdos de la niñez

Lee el artículo y completa las actividades que siguen.

Marcos, el marido de la famosa Cristina, la Oprah Winfrey cubana, escribió este tributo a su abuelo. Los padres de Marcos se divorciaron cuando él era muy pequeño, y su padre lo abandonó.

"En mi mente llevo vivas imágenes de cuando era niño y mi abuelo ponía todo su esfuerzo° en mi crecimento°. Yo le decía 'Papi' en vez de abuelo... ¿Cómo se me pueden olvidar esas mañanas, cuando yo tenía apenas° cuatro años, y mi Papi me sentaba en un banquito frente a su balance° y me enseñaba el abecedario° docenas de veces hasta que yo podía recitarlo como cualquier canción de

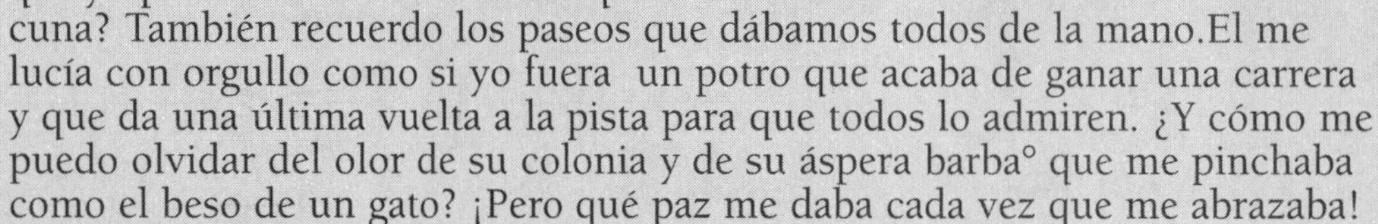

cuna? También recuerdo los paseos que dábamos todos de la mano.El me lucía con orgullo como si yo fuera un potro que acaba de ganar una carrera y que da una última vuelta a la pista para que todos lo admiren. ¿Y cómo me puedo olvidar del olor de su colonia y de su áspera barba° que me pinchaba como el beso de un gato? ¡Pero qué paz me daba cada vez que me abrazaba!

Mi abuelo. Mi 'Papi'. Mi amigo... Hace más de una década que Papá Dios se lo llevó mientras me hablaba mirándome a los ojos, dejándome en los labios las únicas palabras que hubiera querido que él oyera:

TE QUIERO MUCHO, MI VIEJO.

Feliz día de los padres.

A. ¿Entendiste? Contesta las preguntas.

1. ¿Cómo llamaba Marcos a su abuelo?

   ____

2. ¿Qué hacían juntos Marcos y su abuelo?

   ____

3. ¿Qué memorias de los sentidos (*senses*) físicos asocia Marcos con su abuelo?

   ____

4. ¿Qué día festivo fue la ocasión de este tributo?

   ____

Palabras útiles

el fregadero	*sink*
el esfuerzo	*effort*
el crecimiento	*growth*
apenas	*barely, hardly*
el balance	*rocking chair*
el abecedario	*la recitación del alfabeto*
la áspera barba	*rough beard*

B. ¿Qué significa? Selecciona la mejor respuesta.

1. Según el contexto, el significado más probable de **en vez de** es
   - **a.** in addition to
   - **b.** because of
   - **c.** instead of
   - **d.** on behalf of

2. Según el contexto, el sinónimo más probable de **Dios se lo llevó** es
   - **a.** fue de viaje
   - **b.** murió
   - **c.** pasó tiempo en la iglesia
   - **d.** era un cura (*priest*)

C. Tus recuerdos. Marcos describe sus recuerdos felices de cuando era muy joven y estaba con su abuelo. Describe los recuerdos más felices de tu niñez. ¿Qué te gustaba hacer? ¿A qué jugabas y con quiénes? ¿Adónde te gustaba ir? ¿Cuántos años tenías en la memoria más temprana que puedes recordar? Descríbela.

____

____

____

____

____

____

____

PARA ESCRIBIR

Recuerdos de tu niñez

Escribe una carta a un/a pariente o amigo(a) de tu niñez. Describe las cosas que hacían juntos. Recuerda que para describir costumbres del pasado tienes que usar el imperfecto.

Capítulo 

Historias de mi niñez

VOCABULARIO

IMÁGENES Y PALABRAS

A. La niñez triste. Completa las frases con palabras apropiadas del vocabulario.

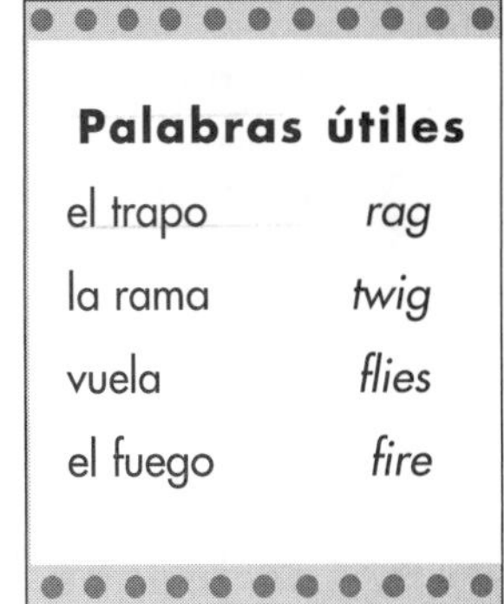

Palabras útiles

el trapo	*rag*
la rama	*twig*
vuela	*flies*
el fuego	*fire*

Ana María Matute es una escritora española que suele escribir sobre la niñez. Pero los niños de esta autora casi siempre tienen una niñez triste. Mientras la niña típica estadounidense juega con su "Barbie", las niñas de sus cuentos no tienen **(1.)** ______________________. Una niña pobre pone un trapoº en una ramaº y **(2.)** ______________________ que esta rama es una muñeca. Los niños no tienen **(3.)** ______________________ como perros o gatos. Juegan con los insectos o con las **(4.)** ______________________ o **(5.)** ______________________ que viven cerca en su **(6.)** ______________________. A un niño le gusta imaginarse un **(7.)** ______________________ que velaº por el aire, hasta que un día se **(8.)** ______________________ de un árbol y se muere. Algunos niños son tan tristes que no tienen

(9.) ____________________ de morir porque la muerte representa una forma de escape. A veces estos niños se hacen **(10.)** ____________________ porque juegan con el fuego° o hacen otras cosas **(11.)** ____________________ . Parecen crueles cuando les **(12.)** ____________________ piedras a los animales, pero la verdad es que no entienden lo que hacen. Los verdaderos crueles en los cuentos de Matute son los adultos que a veces **(13.)** ____________________ a los niños cuando no hacen nada malo. Los pobres niños de Matute... cuando tienen **(14.)** ____________________ nadie les da comida; cuando tienen **(15.)** ____________________ nadie les da agua, y cuando tienen **(16.)** ____________________ nadie los abraza hasta que se duermen. Estos niños viven solos y sin amor y sólo **(17.)** ____________________ con tener el cariño que necesitan.

B. Los juegos infantiles. Describe cada imagen.

1. ____________________

____

2. ____________________

____

3. ____________________

____

4. ______________________________

5. ______________________________

6. ______________________________

C. Pero ¿qué te pasa? ¿Por qué llora cada uno de estos niños?

Por ejemplo: Luis llora porque se cayó.

1. ______________________________

2. ______________________________

3. ______________________________

4. ______________________

____

5. ______________________

____

GRAMÁTICA 1

A. Una gran novela española. Completa las frases con la forma correcta del pretérito o del imperfecto de los verbos.

Palabras útiles	
ciego	*blind*
la venta	*inn*
el golpe	*hit, blow*
durar	*to last*

El Lazarillo de Tormes es una famosa novela española. Un autor anónimo la ______________ (**1.** escribir) en 1554. Lazarillo ______________ (**2.** ser) un chico muy pobre, que ______________ (**3.** nacer), literalmente, en el río Tormes. Lazarillo ______________ (**4.** perder) a su padre cuando sólo ______________ (**5.** tener) ocho años, y su pobre madre no ______________ (**6.** poder) cuidarlo bien. Un día un ciego° ______________ (**7.** llegar) a la venta° donde ______________ (**8.** trabajar) la madre de Lazarillo. El ciego le ______________ (**9.** decir) que ______________ (**10.** querer) emplear a Lazarillo como guía y que ______________ (**11.** ir) a cuidarlo bien. Así Lazarillo ______________ (**12.** irse) con el ciego. Pero después de poco el niño

__________ (**13.** saber) que en realidad el ciego __________ (**14.** ser) un hombre muy cruel. Siempre le __________ (**15.** hacer) cosas crueles a Lazarillo, y por lo general no lo __________ (**16.** cuidar) bien. Un día el ciego le __________ (**17.** dar) un golpe° en la cabeza tan duro que, según Lazarillo, "más de tres días me __________ (**18.** durar°) el dolor". La vida con el ciego __________ (**19.** ser) muy difícil para Lazarillo, pero por fin el niño __________ (**20.** poder) escaparse.

B. ¿Qué quería ser? Según las imágenes, indica con qué soñaba ser cada persona de niño(a) y lo que hace ahora en realidad.

Por ejemplo: María tiene veinticinco años y trabaja en una guardería (es maestra de niños). Cuando tenía cinco años quería (soñaba con) ser actriz.

María, 25 años   María, 5 años

Rafael, 37 años   Rafael, 9 años

Luisa, 41 años   Luisa, 13 años

1. ______________________________

____

____

____

2. ______________________________

____

____

____

3. ______________________________

____

____

____

4. ______________________________

____

____

____

5. ______________________________

____

____

C. ¿Cómo eran? Usa los siguientes adjetivos para describir cómo eran los niños de las imágenes y después escribe por qué. Sigue el modelo.

travieso	inteligente	desordenado
emprendedor	perezoso	tímido
divertido	amable	

Por ejemplo: Jorgito era emprendedor porque en los veranos tenía una empresa en el vecindario.

Juan

1. ______________________________
____
____

Rosita y Diego

2. ______________________________
____
____

Teresa
A+
A
A
A
A+
A++

3. ______________________________
____
____

Gerardo

4. ______________________________
____
____

Sarita

5. ______________________________
____
____

Pablo

6. ______________________________
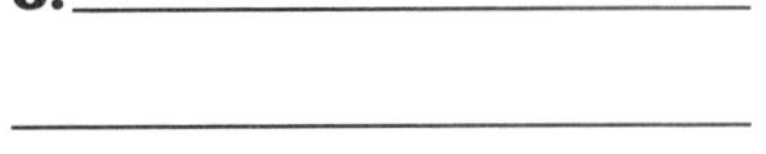
____
____

Guadalupe

7. ______________________________
____

D. Mis padres y yo. Escribe comparaciones entre tus padres cuando eran jóvenes y tú, según el modelo.

Por ejemplo: quejarse de
Mi papá (mamá) se quejaba de no tener un televisor en color. Yo me quejo de no tener una imprensora (*printer*) en colores para mi computdora.

1. quejarse de

____

____

____

2. llevar (*to wear*)

____

____

____

3. jugar con

____

____

____

4. tener miedo de

____

____

____

5. usar... para escribir composiciones

____

____

____

6. soñar con

____

____

____

7. tener que

____

____

____

GRAMÁTICA 2

A. Recuerdos de la niñez. Completa las siguientes narraciones con los verbos indicados, usando el pretérito o el imperfecto según el contexto.

gustar traer haber venir

1. Siempre me ____________ mis fiestas de cumpleaños, pero la fiesta de hace diez años no me ____________ nada. Mis abuelos, que por lo general me ____________ muñecas preciosas, ese año sólo me ____________ una lámpara feísima. Antes de ese año, siempre ____________ una gran fiesta en casa y todos mis amigos y familiares ____________, pero esa vez no ____________ fiestas y no ____________ nadie a visitarme.

ser leer estar dormir saber ir

2. ____________ las dos de la mañana. Mientras mi hermano y yo ____________ tranquilamente arriba, mis padres conversaban en la cocina. Mi papá ____________ preocupado y esa noche sólo ____________ dos horas. Al día siguiente, yo ____________ lo que mis padres ya

________________, que íbamos a mudarnos a otra ciudad.

vestirse ver morirse empezar reírse pedir

3. Para la noche de brujas, doña Clara siempre ________________ de princesa para saludar a los niños. Pero un año, ________________ de horrible vampira. Cuando los niños la ________________ de repente, casi ________________ de miedo y ________________ a correr, pero luego, al reconocer a doña Clara, ________________ muchísimo. Todos los niños le ________________ vestirse de princesa el próximo año.

B. El Centro de Serenidad. Completa el anuncio con la forma correcta del pretérito o del imperfecto de los verbos, según el contexto.

EL SECRETO DE MI TRANQUILIDAD INTERIOR LO TIENE EL CENTRO DE SERENIDAD

Cuando yo ________________ (**1.** ir) por primera vez al Centro de Serenidad ________________ (**2.** estar) nervioso, desanimado y ________________ (**3.** parecer) mucho más viejo de lo que soy en realidad. ________________ (**4.** sentirse) siempre estresado y mis amigos ________________ (**5.** preocuparse) por mi salud. En una semana los profesores de meditación me ________________ (**6.** enseñar) a descansar. Yo ________________ (**7.** empezar) a sentir esa tranquilidad interna que siempre ________________ (**8.** desear).

¡________________ (**9.** nacer) de nuevo! Antes ________________ (**10.** perder) el control de los nervios dos veces al día. Pero una semana de instrucción en El Centro me ________________ (**11.** regalar) la libertad del estrés.

Llame al **Centro de Serenidad** y pida una cita sin compromiso.
625-9027 o 238-8809
Carrera 12, No. 32-28
Santafé de Bogotá, D.C.

LECTURA

VOCES DEL MUNDO HISPANO

I. ABUELOS QUE CUIDAN NIÑOS

Lee el artículo y completa las actividades que siguen.

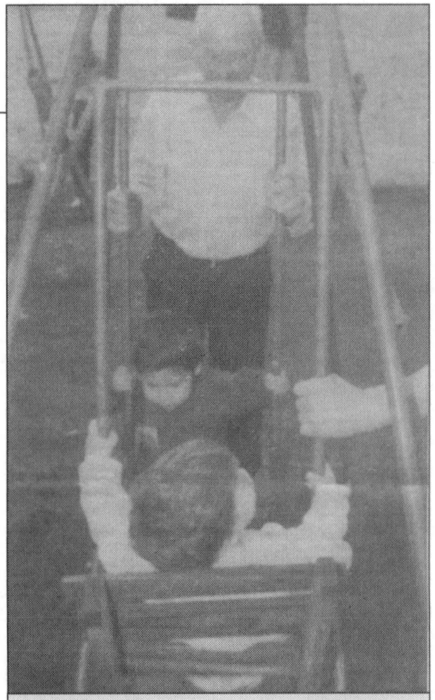

En el complejo "Casa Grande" de Longchamps, un grupo de jubilados regala afecto, ternura y atenciones a veinticuatro niños que por problemas de maltrato o abuso sexual han sido separados de su familia.

La abuela Lucía, la abuela Chola, el abuelo Bernabé, el abuelo Angel, son jubilados y tienen más de 70 años. Jesica es una bebé de algo más de 1 año, Hugo tiene 12, Marina aparenta alrededor de 5. Los reunió el azar y los unió el amor, y la historia de todos cambió de golpe. Allí, en el complejo "Casa Grande" de Longchamps, en la provincia de Buenos Aires, Argentina, estos abuelos y otros —que son parte de la Asociación de Jubilados local— han vuelto a sentirse útiles y necesitados. Y con infinito afecto y ternura tratan de curar las heridas del alma de esos 24 niños que la Justicia decidió separar de sus padres, de los cuales han padecido maltrato o abuso sexual.

Todo comenzó cuando la presidenta del Consejo del Menor de la provincia de Buenos Aires, la doctora Marta Pascual, (docente universitaria y ex jueza de Menores) pidió ayuda a la Asociación de Jubilados Amigos de Longchamps, a pocos kilómetros de la capital. El aumento de la violencia doméstica en la provincia se traduce en cifras contundentes: en la oficina de Registro y reubicación de menores abandonados, abusados y maltratados llegan 70 casos nuevos por semana.

"Podíamos tener una institución donde ubicarlos, un equipo, pero nos faltaba ese contacto diario, acompañar a los niños. Cuando uno recorre los Hogares de Menores a la tardecita ve esa tristeza, la falta de una familia, la añoranza de una madre, de un papá que los escuche o los acaricie... Aquí las entidades de la tercera edad están muy bien organizadas, muchos abuelos son todavía jóvenes, tienen tiempo y mucha riqueza para transmitir. Quienes venimos de una generación que se ha criado al lado de nuestros abuelos y nos han transmitido tantos valores, pensamos que debíamos convocarlos a nuestro proyecto. Y así nació Casa Grande."

A. ¿Entendiste? Contesta las preguntas.

1. Los abuelos del artículo ¿son los abuelos biológicos de los niños? ¿Por qué se llaman "abuelos"?

____

____

2. El programa de "Casa Grande" ¿qué beneficios ofrece a los viejos? ¿A los niños?

____

____

3. ¿Quién empezó este programa?

____

____

4. ¿Qué problema quería curar?

____

____

Palabras útiles

el jubilado	persona vieja que ya no trabaja
el afecto y la ternura	cariño, amor
la herida	*wound*
padecido	*suffered*
el Consejo	*Counsel*
ubicar	poner
el equipo	grupo
recorrer	andar por
la falta	*lack*
convocar	invitar

B. ¿Qué significa? Escoge la mejor opción.

1. Según el contexto, el sinónimo más probable de **aparenta** es:
   a. siente **b.** parece
   c. quiere **d.** nace

2. Según el contexto, el significado más probable de **maltrato** es:
   a. care **b.** loss
   c. mistreatment **d.** poverty

3. Según el contexto, el significado más probable de **aumento** es:
   a. elimination **b.** hearing
   c. decrease **d.** increase

C. Una vida mejor. Contesta las preguntas.

1. Describe la vida de los "abuelos" antes de entrar en Casa Grande. ¿Cómo se sentían? ¿Qué necesitaban?

____

____

2. Describe la vida de los niños antes de entrar en Casa Grande. ¿Con quiénes vivían? ¿De qué sufrían a veces? ¿Qué necesitaban?

____

____

3. Usa **más** o **menos** para escribir una comparación entre la vida de los "abuelos" antes y después de Casa Grande.

____

____

4. Usa **más** o **menos** para escribir una comparación entre la vida de los niños antes y después de Casa Grande.

____

____

II. LA DINÁMICA DE LOS IDIOMAS

Los idiomas son sistemas de comunicación abiertos y dinámicos. En español, como en inglés, muchas palabras y expresiones que se usan hoy no se usaban en la época de nuestros abuelos o bisabuelos. Algunas palabras mueren o pasan de moda, pero otras nacen para reflejar la sociedad actual (del presente). Además, como ahora hay más intercambio de ideas e información entre la gente del mundo (piensa en los viajes, la televisión por satélite y el correo electrónico), los idiomas se acomodan y se prestan muchas palabras. Lee el anuncio de la siguiente página y completa las actividades que siguen.

A. La jerga de la red (*Net jargon*)**.** Mira el anuncio y descubre tres palabras tomadas del inglés.

B. Palabras importadas. El español, como el inglés o cualquier otro idioma, adopta palabras de otros idiomas. Sin embargo, cuando una palabra pasa de un idioma a otro, ciertos cambios son necesarios. Mira la siguiente lista de palabras importadas del inglés al español y trata de pronunciarlas. Verifica la pronunciación con tu profesor/a. En cada caso, indica cuál de estos métodos se usa para adaptar la palabra al español.

a. la palabra inglesa se traduce (***is translated***)
b. la palabra se escribe igual aunque se pronuncia de manera diferente
c. la palabra se escribe de manera diferente aunque se pronuncia de manera similar

Por ejemplo: hobby
La palabra se escribe igual aunque se pronuncia de manera diferente.

____ **1.** el navegante de la red	____ **4.** el surfing	____ **7.** cliquear
____ **2.** la telaraña mundial	____ **5.** el rockero	____ **8.** los blue jeans
____ **3.** el software	____ **6.** el frisbi	____ **9.** la home page

PRESENTANDO EL SERVIDOR MAS PODEROSO Y MEJOR GUARDADO DEL MUNDO.

¿Sabe usted todo lo que podría lograr si tuviera acceso a su mainframe? Lo fundamental, aprovechar toda su capacidad y poder para competir y colocarse en la cima del mundo empresarial actual.

Ahora, Cisco Systems le ayuda a aprovechar esa capacidad y a distribuirla a través de su organización y a nivel internacional, convirtiendo su mainframe en el servidor más poderoso del mundo.

Cisco conecta su mainframe a la red cliente servidor, convirtiéndolo en un servidor de Internet. ¿No es esto genial? Su mainframe le da el poder de procesamiento y los ruteadores y switches de Cisco se encargan de que la información llegue rápida y segura a su destino, ya sea dentro o fuera de su compañía.

No olvide que, cuando se trata de networking, Cisco le ofrece la mayor cantidad de opciones. Todo esto, unido a nuestra trayectoria de proveer consistentemente lo último en tecnología de redes para la integración de SNA/LAN, demuestra el por qué más compañías Fortune 500 confían en las soluciones de internetworking de Cisco.

Para mayor información llámenos o visítenos en nuestra página del Web.

¿No cree que es hora de que su mainframe salga a la luz?

DESTAPE SU MAINFRAME Y CONVIERTALO EN EL SERVIDOR MAS PODEROSO

Infórmese sobre la más reciente estratégia de CiscoBlue en el: www.cisco.com/warp/public/731/cblue/index.html o llamando a su oficina de Cisco local. Como líder global en software de internetworking, Cisco le ofrece un sinnúmero de opciones para redes. Para saber más acerca de nuestros seminarios, servicio/apoyo y productos, llámenos o visite nuestra página del web (www.cisco.com).

VISITENOS EN FELABAN, CARTAGENA, COLOMBIA, 26 – 29 DE NOVIEMBRE

C. ¿Qué quiere decir? Aquí tienes algunas palabras inglesas que se asocian con la adolescencia en la cultura estadounidense. ¿Puedes explicarles a tus amigos hispanos lo que significan?

1. curfew ____

____

2. to be grounded

____

3. allowance ____

____

4. cheerleader ____

____

5. mall rat ____

____

6. sleepover ____

____

7. prom ____

____

8. homecoming ____

____

PARA ESCRIBIR

Recuerdos de la niñez

Describe tus recuerdos infantiles de tiempos que pasabas con un/a abuelo(a) o con otro(a) pariente viejo(a). Describe cómo era esta persona, qué hacían juntos, adónde iban, etc. Luego, describe una ocasión en particular que pasaste con tu pariente.

____

____

____

____

Capítulo

9

¡Buen provecho!

VOCABULARIO

IMÁGENES Y PALABRAS

A. Una cocinera fatal. La pobre de Ana no cocina bien, y las cenas que ella organiza son siempre un desastre. Hace unas semanas invitó a sus amigos a cenar y ellos aceptaron con un poco de miedo. Completa la narración seleccionando las palabras apropiadas.

No supo (**1.** quemar, cocer, tostar) ________________ el cerdo en su punto ¡y quedó tan duro! La ensalada tenía demasiado vinagre y por eso estuvo muy (**2.** agria, verde, rellena) ________________. Cocinó la trucha tanto que quedó totalmente (**3.** blanca, quemada, revuelta) ________________, mientras la carne de res, al contrario, quedó casi (**4.** asada, cruda, caliente) ________________. También sirvió una pizza muy rara. Tenía (**5.** helado, queso, pan) ________________ mozzarela y salsa de (**6.** cebolla, langosta, tomate) ________________ como una pizza normal, pero ¡también tenía (**7.** carne, cebolla, piña) ________________! El peor plato fue un pollo con una salsa tan (**8.** asada, picante, tinta) ________________ que no se podía comer sin tomar mucha agua. Para el postre sirvió (**9.** fresas, papas, gambas) ________________ fritas. No me parece buena idea (**10.** freír, servir, encantar) ________________ esa fruta.

B. Recuerdos de una cubanoamericana. Completa la narración de Gloria con las palabras apropiadas.

Muchos de mis recuerdos de mi niñez se asocian con la comida. Por la manaña mi mamá siempre me preparaba un (**1.**) ________________ enorme. Empezaba con (**2.**) ________________ revueltos y (**3.**) ________________, con (**4.**) ________________ tostado cubierto de (**5.**) ________________. Y para beber, un vaso de (**6.**) ________________ de naranja. Cuando estaba enferma siempre me traía una (**7.**) ________________ de pollo riquísima. Los días festivos como, por ejemplo, El Día de Acción de Gracias, siempre servía un (**8.**) ________________ relleno, con arroz blanco y frijoles negros. A mi padre le gusta la (**9.**) ________________ de res pero en los últimos años comemos más (**10.**) ________________ o pollo que carne por razones de salud. En los picnics del verano siempre llevábamos el (**11.**) ________________ frito y las (**12.**) ________________ de lechuga y tomate. En el otoño mamá siempre preparaba una (**13.**) ________________ de manzanas, que se servía con (**14.**) ________________ de vainilla. Era el (**15.**) ________________ perfecto para una cena magnífica.

C. Aspectos personales. Completa las siguientes frases.

1. La comida que prefiero comer cuando estoy solo(a) es

____.

2. La comida ideal para una ocasión festiva es

____.

3. La comida que les gusta a los niños es

____.

4. La comida ideal para un picnic es

____.

5. En un restaurante elegante siempre pido

____.

6. Cuando estudio me gusta comer

____.

7. Cuando estoy deprimido(a) o nervioso(a)

____.

8. Para una cena romántica prefiero servir

____.

GRAMÁTICA 1

A. ¿Cómo está hecho? Vuelve a escribir cada frase según el modelo.

Por ejemplo: Martha Stewart prepara bien la cena.
Sus cenas están bien preparadas.

1. Diego Rivera pinta cuadros con colores vivos.

____

2. Mi mamá siempre quema los frijoles.

____

3. Tú siempre haces las tareas con cuidado.

____

4. Gabriel García Márquez escribe novelas con un sentido mágico.

____

5. El profesor enseña las lecciones con imaginación.

____

6. Mi papá siempre cuece el pollo con demasiada sal.

____

7. El cocinero cubre la carne de res con cebollas.

____

B. ¡Mil gracias! Describe lo que una persona hizo en cada imagen. También expresa las gracias que dieron la gente, según el modelo.

Por ejemplo:

a. El cocinero les sirvió una magnífica cena.

b. —Gracias por habernos preparado (servido) esta magnífica cena.

1. a. ______________________________

____

b. ______________________________

____

espina

2. a. ______________________________

____

b. ______________________________

____

Cenicienta

3. a. ______________________________

____

b. ______________________________

____

hada madrina

4. **a.** ______________________________

____

b. ______________________________

____

Les doy las gracias a mis profesores.
EL PREMIO NOBEL

5. **a.** ______________________________

____

b. ______________________________

____

Voy a decirte el secreto del universo.

6. **a.** ______________________________

____

b. ______________________________

____

GRAMÁTICA 2

A. La gran fiesta. Marta, Luisa y Dolores son compañeras de cuarto. Van a hacer una gran fiesta para todos los estudiantes en su residencia estudiantil. Han hecho una lista de todos sus quehaceres. Una marca indica que el quehacer ya está hecho. Indica lo que ya ha hecho cada joven y lo que todavía no ha hecho.

Por ejemplo: Marta ya ha comprado el queso pero todavía no ha barrido el suelo.

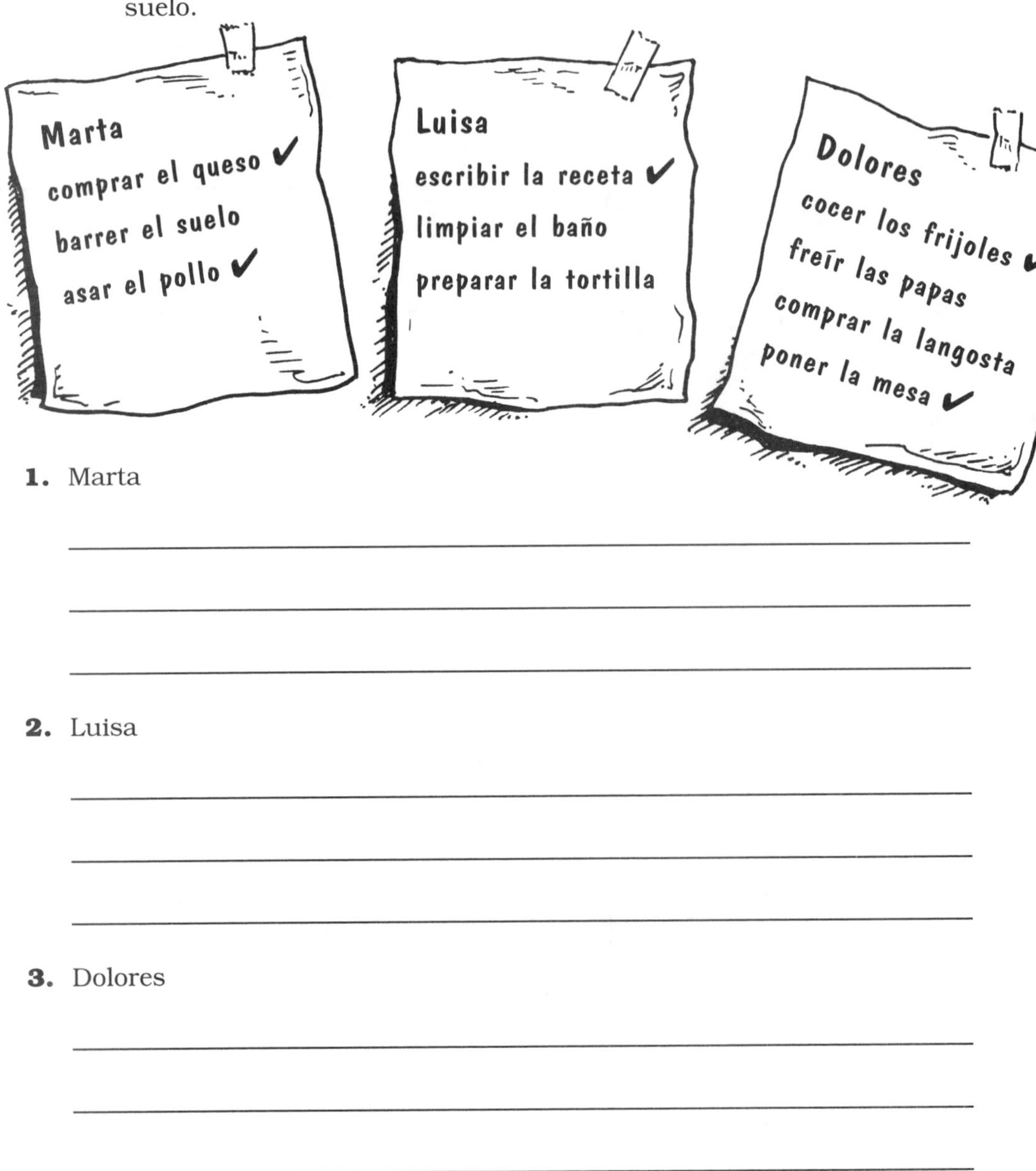

1. Marta

____

____

____

2. Luisa

____

____

____

3. Dolores

____

____

____

B. Una entrevista con Antonio Banderas.

Paso 1. Lo que sigue es parte de una entrevista entre Cristina y el actor español Antonio Banderas. Cristina le entrevistó durante la filmación de "El Zorro" en México. Completa las frases con la forma correcta del presente perfecto de los verbos.

Cristina: Antonio, ¿cómo te ____________ (**1.** ir) en México?

Antonio: Estoy encantado. Me siento como en mi casa. Ya son tres meses y medio que estoy acá y la gente me ____________ (**2.** tratar *to treat*) muy bien. Me encuentro muy a gusto con la gente, las tradiciones y la cultura. Hay muchas conexiones con mi país. Paseando por las calles de México ____________ (**3.** quedar) alucinado al reconocer edificios y monumentos. Lamentablemente ____________ (**4.** salir) poco porque ____________ (**5.** estar) grabando en el estado de Puebla. Empiezo a las dos de la tarde y termino a las seis de la madrugada. El resto del tiempo es para descansar y estar con mi familia.

* * *

Después Cristina le pregunta a Antonio sobre el gran placer de trabajar con el famoso actor Anthony Hopkins.

Cristina: Soñabas trabajar con Anthony Hopkins y se te dio...

Antonio: Sólo ____________ (**6.** hacer, nosotros) un par de escenas juntos y ____________ (**7.** ser) un placer. El primer día me temblaban un poco las piernas.

Paso 2. Contesta estas preguntas.

1. ¿Qué aspectos de México le han gustado a Antonio Banderas?

___

2. ¿Por qué no ha podido ver más de la región?

___

3. ¿Has visto películas de Antonio Banderas? ¿Cuáles?

___

4. ¿Sabes con quién se ha casado Antonio Banderas?

___

C. Aspectos personales. Usa las palabras dadas y añade otras para escribir preguntas. Después contéstalas, según los modelos. Usa las palabras **ya, todavía, alguna vez, muchas veces**

Por ejemplo: perder / tus llaves

a. ¿Cuántas veces has perdido tus llaves? o ¿Has perdido alguna vez tus llaves?

b. Las he perdido muchas veces.

aprender mucho / en este curso

a. ¿Has aprendido mucho en este curso?

b. Sí, ya he aprendido mucho en este curso.

1. ver / una película fantástica

   a. ___

   b. ___

2. oír / tu conjunto de rock favorito

   a. ___

   b. ___

3. encontrar / el gran amor de tu vida

   a. ___

   b. ___

4. comer / platos de otra cultura

a. ______________________________

b. ______________________________

5. comer / pescado crudo

a. ______________________________

b. ______________________________

6. pasar / una noche sin dormir

a. ______________________________

b. ______________________________

7. romper / algo de mucho valor

a. ______________________________

b. ______________________________

8. olvidarse / el cumpleaños de una persona querida

a. ______________________________

b. ______________________________

9. hacer / algo que después has sentido

a. ______________________________

b. ______________________________

10. escribir / una carta de "Querido Juan" o "Querida Juana"?

a. ______________________________

b. ______________________________

VOCES DEL MUNDO HISPANO

POLLO A LA CELIA CRUZ

Lee el artículo y completa las actividades.

Celia Cruz es una cantante cubana muy popular.

Pollo a lo Celia Cruz

"Yo no sabía cocinar.

Pedro, mi esposo, es quien me ha ido enseñando. Hoy en día, cada vez que llego a mi casa, desués de una gira, me gusta meterme a la cocina y preparar algunos platillos. Una de las cositas que me gusta hacer es la sopa con azafrán porque me huele a hogar. De hecho, cada vez que voy a España, le traigo a mis amigos azafrán. Mi especialidad en la cocina es un pollito que ya hemos bautizado como Pollo a la Celia Cruz. Es facilísimo de hacer y sabe delicioso. Además, puede servir como platillo de dieta porque no tiene nada de grasa".

INGREDIENTES

1 Pollo
10 Limones
Orégano al gusto

PREPARACION:

La preparación es muy sencilla.

- Tomo el pollo y le quito la grasa.
- Lo meto en una ollita viejísima que tengo, pero que parece acabada de comprar, y le echo bastante limón. Yo diría que el jugo de 10 limones.
- Después le pongo orégano porque a Pedro no le gusta el comino.
- Después, tapo la olla viejita y lo pongo a fuego lento. Ese pollo va soltando un jugo delicioso y se va cocinando en él. Queda como si fuera un delicioso pollo asado.

A. ¿Entendiste. Contesta las preguntas.

1. ¿Quién ha sido el profesor de cocina de Celia Cruz?

____

2. ¿Cuándo le gusta más a Celia cocinar?

____

3. Según lo que se implica, ¿dónde se cultiva mucho azafrán?

____

4. Según Celia, ¿cuáles son las tres ventajas (beneficios) de este plato?

____

5. ¿Cuál es el cognado en inglés de **bautizado**?

____

Palabras útiles

la gira	viaje
el azafrán	*saffron, a bright yellow spice*
huele	*smells*
bautizado	nombrado
sabe	aquí significa que tiene el sabor
la grasa	*fat*
la ollita	recipiente que se usa para cocer
el fuego	*fire*
lento	no rápido

6. El significado más probable de **comino** es...

a. flour **b.** cumin

c. applesauce **d.** liver

B. Memorias culinarias. Contesta las preguntas.

1. Describe la mejor cena que has comido. ¿Qué comiste? ¿Dónde? ¿Con quién?

____

____

____

2. Describe la peor cena que has comido. ¿Qué comiste? ¿Dónde? ¿Con quién? ¿Por qué fue la peor—por la comida o por las circunstancias?

____

____

____

____

PARA ESCRIBIR

Tu propia receta

Escribe un párrafo sobre tus habilidades culinarias (o la falta de ellas). Contesta las siguientes preguntas.

1. ¿Cuándo te gusta cocinar?
2. ¿Por qué no te gusta cocinar?
3. ¿Para quiénes cocinas?
4. ¿Qué te gusta cocinar?
5. ¿Cómo lo haces?

Si eres un/a gran cocinero(a), escribe una receta al estilo de la de Celia Cruz de un plato tuyo. Si no te gusta cocinar, adivina la receta del plato favorito de tu niñez.

Capítulo

10

La buena mesa

VOCABULARIO

IMÁGENES Y PALABRAS

A. Usos clásicos, raros o folclóricos de la comida. Completa las frases con las palabras apropiadas.

Palabras útiles

Ricitos de Oro	*Goldilocks*
el oso	*bear*
dar golpes	*to hit*
la mosca	*fly*

1. Se usa el ________________ para protegerse de los vampiros.

2. La bruja del cuento de Hansel y Gretel construyó su casa de dulces, ________________ y otras ________________.

3. Por lo general las brujas usan las ________________ exóticas para hacer sus pociones mágicas. Las ponen un una ________________ grande con agua muy caliente y las ________________ mientras recitan palabras mágicas.

4. Ricitos de Oro° comió la ________________ que iba a ser el desayuno de los tres osos°.

5. Tradicionalmente comemos las ________________ de ________________ en el cine, mientras las ________________ ________________ se comen en un picnic.

6. Para freír comidas se usa una ________________ pero en las tiras cómicas ese utensilio se usa para darle golpes° a la cabeza de la gente.

7. Para hacer el "BLT", un sandwich clásico norteamericano, hay que tener dos ________________ de pan, una de tomate y unos trozos de ________________.

8. Según un refrán popular, se puede atraer más moscasº con ________________ que con ________________.

9. Todo el mundo sabe que comer una barra de ________________ puede curar la depresión.

10. La ________________ es un condimento que se pone en los perritos calientes pero también se aplica a la piel para curar ciertas enfermedades.

B. La salsa de tomate italiana. Completa la receta con las palabras apropiadas.

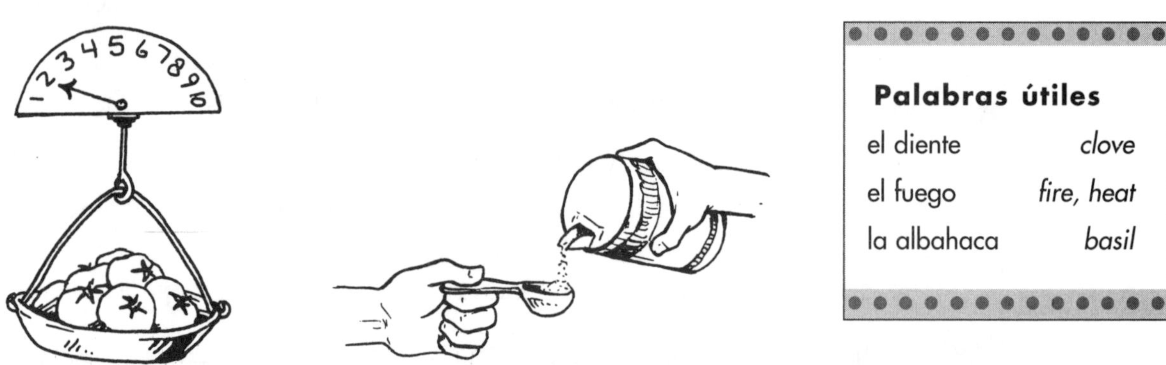

Palabras útiles

el diente	*clove*
el fuego	*fire, heat*
la albahaca	*basil*

Primero hay que (**1.**) ________________ todos los ingredientes que vas a necesitar. Hay que (**2.**) ________________ y picar una cebolla y unos dientesº de (**3.**) ________________. Después hay que (**4.**) ________________ estos ingredientes al aceite en una (**5.**) ________________ al fuegoº. Luego hay que echarle hojas de albahacaº picadas y (**6.**) ________________ y dos (**7.**) ________________ de tomates pelados y (**8.**) ________________. Entonces hay que (**9.**) ________________ dos cucharaditas de sal y agregarlas a la salsa. Ahora el único ingrediente que le (**10.**) ________________ es media cucharadita de pimienta. Tienes que (**11.**) ________________ estos ingredientes y dejarlos cocer por dos horas o más. Mientras se está cociendo, el (**12.**) rico ________________ de la salsa te va a perfumar la casa. Se puede (**13.**) ________________ por todas partes. Por fin hay que servir la salsa sobre (**14.**) ________________ cocinados "al dente".

C. ¿Cómo se pesa? ¿Cómo se vende? Para cada comida, indica cómo se pesa o cómo se vende. También haz un comentario sobre cómo o cuándo tú la comes.

Por ejemplo: los chiles verdes
Los chiles verdes se pesan por libras (o se venden en latas). Yo los como con carne.

el pollo
El pollo se pesa por libras o kilos. Yo lo como con arroz y frijoles (o yo lo como como plato principal).

1. el tocino ________________________________

2. las papitas fritas ________________________________

3. las galletas ________________________________

4. las palomitas de maíz ________________________________

5. la mermelada ________________________________

6. la mostaza ________________________________

GRAMÁTICA 1

A. ¿Quién lo hizo? Contesta las preguntas según las imágenes. Usa los pronombres de complemento directo e indirecto.

1. ¿Quién le dio brócoli al perro?

____

____

____

____

2. ¿Quién les ofreció golosinas a los niños?

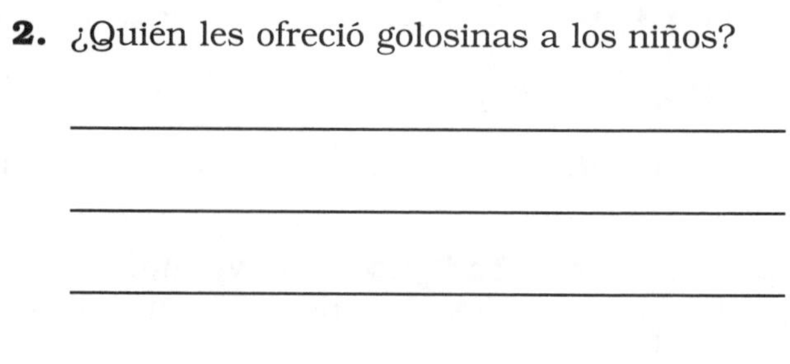

3. ¿Quién le agregó chiles verdes a la torta?

4. ¿Quién le quitó la barra de chocolate al bebé?

5. ¿Quién le prohibió los antojitos a Enrique?

6. ¿Quién le dio los frijoles mágicos a Jack?

7. ¿Quiénes le dieron la caja a Pandora?

B. Aspectos personales. Usa pronombres de complemento directo e indirecto para contestar las preguntas.

1. ¿Quién te preparó la mejor comida de tu vida?

2. ¿Quién te sirvió el plato más raro de tu vida?

3. ¿Les has servido a tus amigos tu propia "especialidad de la casa"?

4. Cuando sales con tus amigos, ¿qué restaurante les prepara a Uds. los platos más ricos?

5. ¿Quién te enseñó el arte de cocinar?

6. ¿Quién te preparaba la comida cuando eras niño(a)?

7. ¿Vas a prepararle un pastel de cumpleaños a tu mejor amigo(a) este año?

____

C. ¡Los regalos peligrosos! Lee el siguiente relato y luego contesta las preguntas.

Normalmente un regalo es un símbolo del cariño, pero la historia y la ficción nos ofrecen algunas excepciones. Por ejemplo, los antiguos griegos les regalaron un caballo enorme a sus enemigos, pero adentro estaban los guerreros griegos. La caja que los dioses griegos le dieron a Pandora contenía todos los males del mundo. Además, la manzana que la vieja malvada le ofreció a Blancanieves la hizo dormir por muchos años. En ***La Odisea***, los habitantes de una isla extraña les sirvieron la fruta del loto a los compañeros de Ulises. A causa de esta fruta mágica los hombres perdieron el deseo de volver a su hogar y quisieron quedarse en la isla.

1. ¿Quiénes le dieron una colección de problemas a una joven?

____

2. ¿Quiénes le sirvieron a un grupo una comida que produce el olvido?

____

3. ¿Quién le dio una fruta peligrosa a una joven?

____

4. ¿Quiénes le dieron un regalo peligroso a sus enemigos?

____

G R A M Á T I C A 2

A. Espero que... Escribe frases según el modelo.

Por ejemplo: Los niños no se sienten bien. ¿Comieron demasiadas golosinas?
Espero que no hayan comido demasiadas golosinas.

1. Ofelia no cocina bien. ¿Preparó ella la cena esta noche?

____

2. Ese mesero parece estar enojado. ¿Me olvidé de dejarle propina?

____

3. Pero... ¿dónde está mi tarjeta de crédito? ¿La dejé en el restaurante?

____

4. Esta sopa se ve muy mal... ¿La quemé?

____

5. La cocina huele mal. ¿Dejé una cebolla podrida (***rotten***) por alguna parte?

____

6. El microondas no funciona. ¿Lo rompí yo?

____

B. ¿Qué crees tú? Completa cada frase con el presente perfecto del verbo. Después responde a cada frase según el modelo.

Por ejemplo: El mesero dice que nos ha servido (servir) los platos bien calientes. **Creo que nos los ha servido bien calientes. (No creo que nos los haya servido bien calientes.)**

1. Los políticos dicen que siempre ____________ (decir) la verdad.

____

2. Mi mamá dice que siempre nos ____________ (cocinar) las comidas con mucho cariño.

____

3. En los cuentos del Dr. Seuss, el "Grinch" dice que siempre

____________ (tener) cariño por los "Who".

____

4. El Sr. Scrooge dice que siempre ____________ (ser) generoso con los pobres.

____

5. Evita Perón dice que siempre ____________ (querer) al pueblo argentino.

____

6. La artista estadounidense Madonna dice que siempre

_______________ (desear) una vida más tranquila.

____

7. El artista mexicano Diego Rivera dice que siempre _______________ (tener) ganas de pintar.

____

C. Nora la "neurótica". Mientras Nora y su esposo Tomás el "tranquilo" estaban de vacaciones, sus hijos, Laura, de 17 años y Esteban, de 19 años, se han quedado en casa. Poco antes de volver a casa, Nora presiente un desastre y le expresa sus preocupaciones a Tomás. Él trata de calmarla. Completa su conversación según el modelo.

Por ejemplo: **Nora:** Sé que Laura y Esteban hicieron una fiesta y que no ordenaron la casa después.

Tomás: No creo que hayan hecho una fiesta.

Nora: Espero que hayan ordenado la casa.

1. **Nora:** Probablemente se olvidaron de darle de comer al gato y el pobrecito se murió.

   Tomás: ____

   Nora: ____

2. **Nora:** Estoy segura de que Laura dejó encendida la estufa y la casa se quemó.

   Tomás: ____

   Nora: ____

3. **Nora:** Y Esteban es tan perezoso. Sé que no regó las flores del jardín y mis rosas murieron.

   Tomás: ____

   Nora: ____

4. **Nora:** Y olvidaron de cerrar la puerta con llave y un ladrón entró y nos robó.

   Tomás: ____

   Nora: ____

   Tomás: Una pregunta, mi amor. ¿Crees que el ladrón nos haya robado antes o después del incendio?

LECTURA

VOCES DEL MUNDO HISPANO

Las empanadas

Lee el artículo y completa las actividades que siguen.

GASTRONOMIA

EMPANADAS QUE DAN LA TALLA

POR JACK ROBERTIELLO

A PRIMERA VISTA, una empanada parece ser una propuesta simple: alguna sabrosa mezcla envuelta en una masa. Pero nada es previsible con estas empanaditas que constituyen el bocado favorito de América del Sur. Distintas versiones de este plato son populares en casi todos los países de América Central y del Sur. Las diversas variaciones del básico tema casero de masa y relleno abre cauce a una multidad de empanadas, pasteles, pastelería. Sean fritas o al horno son tantas las combinaciones que es imposible catalogarlas todas; habrá que entrevistar a todos los cocineros de las Américas. La informalidad de este plato hace de él un festín adaptable y movedizo. Algo tan informal como la empanada no necesita cuantificación.

Las distintas versiones de la empanada incluyen, entre otras, pequeñas almohaditas rellenas con carne de cangrejo y servidas con cocteles; empanadas rellenas con carne de cerdo y papas que se comen en picnics o se venden en la calle; bollos de masa frita rellenos con queso blanco; o pasteles de manzana o pera, cubiertos de azúcar y canela. Rellenos con un sinfín de combinaciones de puerco, langostino, pollo, verduras, queso o fruta, las posibles combinaciones están sólo limitadas por el contenido de la despensa o el refrigerador y el deseo de improvisar del cocinero.

Palabras útiles

dan la talla	son superiores
la masa	*dough*
la empanada	pan relleno de carne, frijoles, vegetales u otras cosas
la cuantificación	la acción de expresar en números o de estudiar formalmente
la almohadita	*little pillow*
el cangrejo	*crab*
la canela	*cinnamon*

A. ¿Entendiste? Completa las frases.

1. Según el contexto, el significado más probable de **envuelto** es...
a. instead of **b.** flavored by
c. wrapped up in **d.** mixed with

2. El autor nos dice la siguiente información sobre las empanadas excepto . . .
a. su efecto sobre la salud **b.** sus variaciones
c. su popularidad **d.** dos metódos posibles de cocinarlas

3. La variedad más grande de empanadas resulta de los(las) diferentes . . .
a. maneras de prepararlas **b.** masas
c. especias **d.** rellenos

B. El plato favorito. Según al artículo, las empanadas son el plato más popular de América del Sur. Descríbele a un amigo latinamericano el plato más popular de los Estados Unidos. Describe el plato: ¿se prepara con variaciones como la empanada? ¿por qué es tan popular? ¿en qué ocasiones se sirve? ¿dónde se sirve?

____

____

____

____

____

____

____

Para escribir

El buen comer

Hay una multitud de libros de cocina que se publican hoy en día. Escoge uno de los siguentes libros de cocina (o inventa tu propio libro) y descríbelo en términos generales. Tambien incluye una receta ejemplar.

- Recetas para gente que no tiene tiempo para cocinar
- Platos tradicionales de mi familia (mi cultura)
- Cocinar para los enamorados
- Cocinar con poco dinero
- Recetas para los que no les gusta cocinar
- Cocinar para los niños

Capítulo 11

¿Qué me pongo?

VOCABULARIO

IMÁGENES Y PALABRAS

A. ¿Qué llevan? Describe lo que llevan las siguientes personas.

1. Carlos "chévere"

____

____

____

____

2. Alicia "atleta"

____

____

____

____

3. Tomás "tienelotodo"

____

____

4. Teresa "tienelotodo"

____

____

5. Eduardo el "escolar"

____

____

____

____

6. Norberto "del norte"

____

____

____

____

7. Paula "preparada"

____

____

____

____

8. Sonia "salvavidas"

____

____

____

____

B. Aspectos personales. Contesta las preguntas con frases completas.

1. En alguna ocasión, ¿te has olvidado de poner en la maleta alguna prenda de ropa importante al salir de viaje? ¿Cuál? ¿Qué pasó?

____

____

2. ¿Un/a amigo(a) se ha puesto ropa inapropiada para la ocasión alguna vez? Explica.

____

____

3. ¿Te has puesto tú ropa inapropiada alguna vez? ¿Cuándo? ¿Qué te pusiste?

____

____

4. ¿Qué telas prefieres cuando compras ropa? ¿Para qué estación y qué ocasión?

____

____

5. ¿Qué color asocias con la envidia? ¿el peligro? ¿la tristeza? ¿la naturaleza?

____

____

C. Crucigrama. Completa el crucigrama.

Horizontales

1. Es mejor ______ los pantalones antes de comprarlos.
6. Llevo un ______ de baño para nadar.
7. Los pantalones de ______ son buenos para el invierno.
10. Matilde llevaba una falda, blusa y chaqueta del mismo color; era un ______ muy atractivo.
11. A veces mi amiga ______ de compras cuando está deprimida.
12. ______ es sinónimo del color café.

13. No quiero llevar el traje de mi padre; es pasado de ______.

14. Esta blusa es ______ de moda; es de un estilo muy antiguo.

Verticales

2. Ramón conduce un carro ______ para llamar la atención a las chicas.

3. La ______ (dos palabras) se lleva por adentro.

4. Muchos vestidos de boda están hechos de seda y ______.

5. ______ es una mezcla de blanco y negro.

8. El niño se pone el ______ para acostarse.

9. Algunas uvas son verdes, otras son ______.

GRAMÁTICA 1

A. La ropa nueva del emperador. Completa esta versión moderna de una antigua leyenda con la forma correcta de los verbos. Según el contexto, usa el infinitivo, el presente del indicativo o el presente del subjuntivo.

El emperador ______________ (**1.** sufrir) de una falta de autoestima. Quiere que todos lo ______________ (**2.** admirar) pero él no se ______________ (**3.** respetar) a sí mismo. Durante un viaje a Los Ángeles, nota que hay mucha gente bien respetada que no parece ______________ (**4.** tener) otras virtudes que su ropa espléndida de marcas famosas. Así nuestro emperador, un poco tonto, ______________ (**5.** visitar) el taller del famoso diseñador Cristián de Plata. El señor de Plata le ______________ (**6.** decir) —Si Ud. quiere que todo el mundo lo ______________ (**7.** mirar) con admiración, es necesario que ______________ (**8.** vestirse) a la última moda. Además, le recomiendo que ______________ (**9.** hacerse) un nuevo "look". Le aconsejo que ______________ (**10.** olvidarse) de ese traje tradicional tan pasado de moda. Es mejor que ______________ (**11.** ponerse) esta camiseta y este saco de cuero que es uno de Plata original. Y las canas ¡hay que ________________las (**12.** cambiar)! El pelo negro le hace lucir más joven.

El emperador decide ________________ (**13.** seguir) todos los consejos del señor de Plata. Después ________________ (**14**. mirarse) y le gusta mucho lo que ________________ (**15.** ver). Una semana después lo invitan a aparecer en el programa de "Cristina" sobre "Hombres cuya vida ha cambiado como resultado del nuevo look". Todos lo ________________ (**16.** recibir) con grandes aplausos. Sólo un niño del público ________________ (**17.** pensar) de una forma independiente.

—Mira, mamá,— ________________ (**18.** decir) el niño. —¡Qué bobo! ¡Un hombre de 50 años que ________________ (**19.** querer) parecer un joven de 20 años!

B. El hermano protector. Jacinto y Marisa son hermanos. Como Jacinto es mayor, tiene una actitud muy protectora hacia su hermana. Pero hay contradicciones entre su actitud hacia ella y otras chicas que conoce. Escribe frases según el modelo.

Por ejemplo: Otras chicas llevan ropa muy ajustada (*tight*).
A Jacinto le gusta que otras chicas lleven ropa ajustada pero no quiere que Marisa la lleve.

1. Otras chicas llevan faldas cortas.

____

____

2. Otras chicas compran blusas de encaje.

____

____

3. Otras chicas salen con sus amigos hasta muy tarde.

____

____

4. Otras chicas escogen vestidos muy llamativos (que llaman la atención).

____

____

5. Otras chicas tienen tatuajes.

____

____

6. Otras chicas se ponen trajes de baño mínimos.

____

____

C. Aspectos personales. Completa las frases.

1. Mis padres no quieren que yo ______________________

____.

2. Es mejor que mis padres ______________________

____.

3. Es muy importante que los líderes políticos ______________________

4. No me gusta que los jóvenes ______________________

____.

5. Los profesores me piden que ______________________

____.

6. Tengo una amiga que está enamorada de un chico. Le aconsejo que

____.

7. Para ser feliz es necesario que yo ______________________

____.

8. Mi amigo quiere ser más organizado. Le recomiendo que

____.

9. Mi amiga dice que no tiene nada que ponerse. Le recomiendo que

____.

GRAMÁTICA 2

A. La Cenicienta: después del baile. Completa la narración con una forma de **ser** o **estar**. Usa el infinitivo, el presente de indicativo o el presente de subjuntivo, según el contexto.

(**1.**) ________________ la una de la manaña. El baile ha terminado y el príncipe (**2.**) ________________ deprimido porque no sabe dónde (**3.**) ________________ la mujer de sus sueños. Entonces encuentra un zapato. El zapato (**4.**) ________________ muy raro porque (**5.**) ________________ de cristal. Cree que (**6.**) ________________ de la mujer misteriosa con quien bailaba. El príncipe (**7.**) ________________ muy confuso y consulta con su papá, el rey, que (**8.**) ________________ mayor y por eso (**9.**) ________________ más sabio (***wise***).

Príncipe: Padre, ¿qué clase de mujer lleva zapatos de cristal?

Rey: Los zapatos de cristal pueden (**10.**) ____________ muy peligrosos. Si se rompen la mujer puede hacerse daño a los pies. Es posible que esos zapatos (**11.**) ____________ de una mujer loca, a quien le gusta el peligro. Es mejor que te olvides de ella.

Príncipe: Pero, padre, ella (**12.**) ____________ muy bella y me gusta (**13.**) ____________ con ella.

Rey: Además, los zapatos de cristal no (**14.**) ____________ muy prácticos. (**15.**) ____________ caros y se rompen fácilmente. Seguramente esa mujer no (**16.**) ____________ muy práctica. Es mejor que tu mujer (**17.**) ____________ prudente. Te recomiendo que busques otra.

B. Entrevista del diseñador del año. Trabajas para una revista de modas y tienes una entrevista con Cristián de Plata, el diseñador del año. Usa la forma correcta de **ser** o **estar** para completar las preguntas y las respuestas. Usa el infinitivo, el presente de indicativo o el presente de subjuntivo según el contexto.

Tú: Sr. de Plata, su nombre (**1.**) ___________ muy exótico, pero ¿de dónde (**2.**) ___________ Ud.?

Sr. de Plata: (**3.**) ___________ de Hackensack, New Jersey. Pero es mejor que el nombre de un diseñador (**4.**) ___________ europeo, y por eso lo cambié.

Tú: Todos dicen que este año las faldas van a (**5.**) ___________ más cortas. ¿(**6.**) ___________ verdad?

Sr. de Plata: Sí. Uso menos tela para las faldas cortas y así no (**7.**) ___________ tan caras para fabricar.

Tú: Pero, a muchas mujeres les gustan las faldas más largas. La mujer de hoy (**8.**) ___________ más cómoda en una falda larga. La mujer moderna, que (**9.**) ___________ en su oficina o un laboratorio, no quiere trabajar en una minifalda.

Sr. de Plata: ¡No es importante que la ropa (**10.**) ___________ cómoda! Es importante que (11.) ___________ atractiva.

Tú: Con permiso, señor. (12.) ¿___________ Ud. seguro? ¿Es posible que Ud. (13.) ___________ equivocado (***mistaken***) sobre los gustos de la mujer moderna?

C. Situaciones. Usa la forma correcta de **ser** o **estar** para describir las personas en las siguientes situaciones.

1. Cenicienta ___________ en el baile. ___________ con su príncipe. Su vestido ___________ largo. Ella ___________ contentísima.

2. Yo ____________ en la sala de clases; tomo un examen. ____________ nervioso(a); mi ropa ____________ muy informal; ____________ muy cansado(a) porque estudié toda la noche.

3. María ____________ en su oficina; su ropa ____________ muy conservadora; trabaja mucho porque ____________ muy emprendedora; ____________ preocupada porque un cliente de su negocio ____________ enojado a causa de un error.

4. La madre de Elena ____________ sola en la casa; ____________ estresada porque no sabe dónde ____________ su hija. Elena ____________ una joven desconsiderada, que muchas veces preocupa a su mamá.

D. Una cita importante. Susana tiene una cita con Roberto. Es la primera vez que salen juntos y quiere verse bien. Su amiga Lola quiere ayudarla a decidir qué debe ponerse. Completa las frases con la forma correcta de **este**, **ese** o **aquel**.

Susana: Quiero impresionar a Roberto en nuestra primera cita.

Lola: Pues, ____________ vestido victoriano está muy pasado de moda, y ____________ zapatos blancos parecen ser para una niña.

Susana: Pero ____________ vestido negro es demasiado sofisticado. No quiero que Roberto piense que soy una de esas mujeres. Pero tampoco me gusta ______________ blusa con la falda. Y ____________ botas son demasiado llamativas.

Lola: ¿Qué vas a ponerte?

Susana: Mis jeans y un suéter. Por lo menos así me siento como mí misma.

L E C T U R A

VOCES DEL MUNDO HISPANO

LA GUAYABERA: CÓMODA, FRESCA Y ELEGANTE

La guayabera, chaquetilla económica y muy usada en las zonas tropicales de todo el Hemisferio, es también una prenda elegante confeccionada ahora por modistas de renombre.

POR THEODORA A. REMAS

TAL VEZ NO HAYA prenda de vestir tan universal como la guayabera, chaquetilla usada por los hombres desde hace varias generaciones en muchos de los países antillanos y latinoamericanos. En los Estados Unidos es una prenda usual para muchos durante el verano, y en tan práctica para los climas calurosos y húmedos que se está haciendo popular en el Orienta Medio.

El uso de la guayabera está muy extendido. Esta prenda, que antes era can frecuencia de hilo y ahora es, por lo general, de algodón, forma parte de la cultura hemisférica hasta tal punto que no se sabe a ciencia cierta cuál fue su origen. Su historia está constituida por cuentos populares con cierta dosis de leyenda.

Se cuenta que el siglo XVII, un rico terrateniente español, oriundo de Granada, se radicó en Cuba. Pronto empezó a quejarse de que su vestimenta acostumbrada era demasiado calurosa para el clima tropical de la isla. Encargó que le hicieran una especie de chaqueta ligera de tela fresca con cuatro bolsillis. Según algunos cubanos, esa fue la primera guayabera.

A. ¿Entendiste? Contesta las preguntas.

Palabras útiles

la chaquetilla	una chaqueta pequeña; en este contexto es una forma de camisa
la leyenda	*legend*
el terrateniente	*landlord*
oriundo	nativo

1. ¿Cómo se explica la gran popularidad de la guayabera?

____

____

____

____

2. ¿Qué tela se usa hoy para hacer las guayaberas?

____

____

____

3. El significado más probable de **se radicó** en el tercer párrafo es...

a. descubrió b. nació

c. se fue a vivir d. disfrutó

4. El significado más probable de **Encargó** en el tercer párrafo es...

a. pidió cierto trabajo b. insistió

c. envió a otro país d. compró

5. Según el artículo, ¿quién es responsable por el invento de la guayabera? ¿Cuál fue su motivo?

____

____

B. La prenda ideal. La guayabera es una prenda cómoda, útil y perfecto para el clima tropical. Vas a diseñar la prenda de ropa ideal para tu vida y tus necesidades. Usa las expresiones: Me gusta que la prenda...; **Quiero que...; Es mejor que..., etc. Usa el presente del subjectivo cuando sea necesario.**

____

____

____

____

PARA ESCRIBIR

La prenda más cómoda o especial

La guayabera es una prenda muy cómoda. Describe tu conjunto más cómodo. ¿Qué te pones cuando quieres estar cómodo(a)? ¿Tienes una prenda de ropa que tenga un valor sentimental o supersticioso? ¿Cuál es? Explica el valor personal de esta prenda.

Capítulo 12

La moda no incomoda

VOCABULARIO

IMÁGENES Y PALABRAS

A. Verse bien. Completa la narración con las palabras apropiadas.

Raquel es poeta y filósofa. Algunos la critican por su apariencia. Raquel no sabe quiénes son ni Oscar de la Renta ni otros diseñadores conocidos, y por eso nunca compra ropa de (**1.**) ____________________. Muchas veces la ropa que lleva es larga o grande porque no es la (**2.**) ____________________ apropiada para Raquel, y no le (**3.**) ____________________ bien pero a ella no le importa. Siempre lleva ropa (**4.**) ____________________ porque no le gusta ropa ajustada; no le parece cómoda. Su ropa siempre está (**5.**) ____________________ porque no tiene tiempo para plancharla.

Algunas de sus prendas favoritas son tan viejas que no sólo están pasadas de moda, sino que están (**6.**) ____________________ por estar tan usadas. Algunos pantalones, originalmente de colores vivos, están (**7.**) ____________________ después de tanto lavar. A veces después de comer, ella lleva la ropa (**8.**) ____________________, pero no parece notarlo. Raquel lleva una blusa verde que no hace (**9.**) ____________________ con los pantalones rojos, y casi todos sus jeans están (**10.**) ____________________ por las rodillas.

Con respecto a los zapatos, Raquel nunca los usa con (**11.**) ____________________ altos porque no son cómodos, y cuando sus zapatos están gastados no los tira a la (**12.**) ____________ porque los prefiere así. ¿No se mira en el (**13.**) ____________? Raras veces se mira, porque nunca se (**14.**) ____________ los labios, y a veces se olvida de (**15.**) ____________ el pelo. Su novio Jorge, también muy idealista, ve la verdadera belleza de Raquel. Jorge tiene la misma actitud que Raquel: no (**16.**) ____________ la ropa con cuidado. Además, tiene una (**17.**) ____________, no porque le guste, sino porque no quiere afeitarse. A los dos les importa lo interior en (**18.**) ____________ de lo exterior.

B. ¿Qué hay que hacer? Describe lo que es necesario que hagan estas personas.

Por ejemplo: Es necesario que la señora repare el tacón.

1. ____

____

____

____

2. ____

____

____

____

3. ____

____

____

____

4. ______________________________________

____

____

____

5. ______________________________________

____

____

____

5. ______________________________________

____

____

____

C. La ropa apropiada. Dales consejos a las siguientes personas respecto a la ropa. Usa una variedad de verbos.

Por ejemplo: ¡Voy a Puerto Rico!

Te recomiendo que lleves un traje de baño y ropa delgada.

Ramón tiene una entrevista de trabajo.

Le recomiendo que se afeite y que lleve una corbata.

1. Ana y Carmen van a una discoteca en Nueva York.

____

____

2. Rafael va a pasar el invierno en Alaska.

____

____

3. María tiene una entrevista con una agencia de modelos.

____

____

4. Tomás va a conocer a los padres de su novia por primera vez.

____

____

5. Dolores va a un baile en tu universidad.

____

____

6. Tu padre tiene una entrevista con el IRS para discutir sus impuestos (*taxes*).

____

____

GRAMÁTICA 1

A. El compañero de cuarto perfecto. Completa las frases con la forma correcta del presente del indicativo, presente del subjuntivo o el infinitivo de los verbos.

Acabas de empezar tus estudios en la universidad y tú ______________ (**1.** querer) llevarte bien con tu compañero de cuarto. Para ______________ (**2.** ser) el compañero de cuarto perfecto, es necesario que tú ______________ (**3**. hacer) ciertas cosas. Si tu compañero de cuarto te ______________ (**4.** prestar) su camiseta favorita para que ______________ (**5.** tener) el conjunto perfecto para llevar a una fiesta, es mejor que tú no la ______________ (**6.** dejar) en el suelo después. Para que tú no ______________ (**7.** parecer) un desconsiderado, es importante que siempre le ______________ (**8.** devolver) sus cosas en buenas condiciones. Cuando tu compañero quiere ________________ (**9.** dormir), es mejor que tú no ________________ (**10.** tocar) muy alto tus casetes. Con respecto a la decoración del cuarto, si a él le gustan los colores vivos y a ti te gusta el beige, es necesario que Uds. ________________ (**11.** llegar) a un acuerdo para que se ________________ (**12.** llevar) bien.

B. ¿Para qué lo haces? Conecta las dos frases con **para que** y escribe conclusiones lógicas.

Por ejemplo: como con cuidado/mi ropa
Como con cuidado para que mi ropa no se manche.

1. trato de comer menos/mi ropa

____

____

2. saco la ropa de la secadora inmediatamente/las camisas

____

____

3. el fugitivo lleva gafas y una barba falsa/nadie

____

____

4. el hombre que pide dinero en la calle siempre lleva ropa sucia, rota y gastada/la gente

____

____

5. el vampiro no tiene espejos en su casa/sus visitantes

____

____

6. el lobo (***wolf***) se disfraza de una vieja/Caperucita Roja (***Little Red Riding Hood***)

____

____

C. Las quejas. Usa **para que** para darles consejos a las siguientes personas según el modelo.

Por ejemplo: Mis padres me tratan como un niño.
Para que tus padres te traten como un adulto es necesario que seas más responsable.

1. Mi ropa no me queda bien.

___

___

2. Mis compañeros de clase piensan que soy egoísta.

___

___

3. Mis profesores dicen que soy perezoso(a).

___

___

4. Mis amigos creen que no soy sensible, que no escucho sus problemas.

___

___

5. No puedo encontrar trabajo.

___

___

6. No puedo organizarme.

___

___

GRAMÁTICA 2

A. Para comparar. Escribe dos frases según el modelo.

Por ejemplo: Papá Noel tiene la barba más larga del mundo.
a. Busco un hombre que tenga una barba más larga que Papá Noel.
b. No hay nadie que tenga una barba más linda que él.

1. Oscar de la Renta diseña la ropa más elegante del mundo.

a. ______________________________

b. ______________________________

2. Don Payasito (***Mr. Clown***) se pone la ropa más cómica del mundo.

a. ______________________________

b. ______________________________

3. Gabriel García Márquez escribe las novelas más memorables del siglo.

a. ______________________________

b. ______________________________

4. Frida Kahlo pinta los cuadros más fabulosos del arte mexicano.

a. ______________________________

b. ______________________________

5. Mi amigo Raúl tiene más gorros de béisbol que nadie.

a. ______________________________

b. ______________________________

6. Mario lleva los pantalones más largos y sueltos de toda la clase.

a. ______________________________

b. ______________________________

B. ¿Qué buscan? En la tablilla de la residencia estudiantil varias personas han puesto anuncios con respecto a sus necesidades. Escribe frases según el modelo.

Por ejemplo: La Sra. Pérez busca una persona que sepa reparar cosas en su casa, que pueda empezar inmediatamente y que tenga sus propias herramientas.

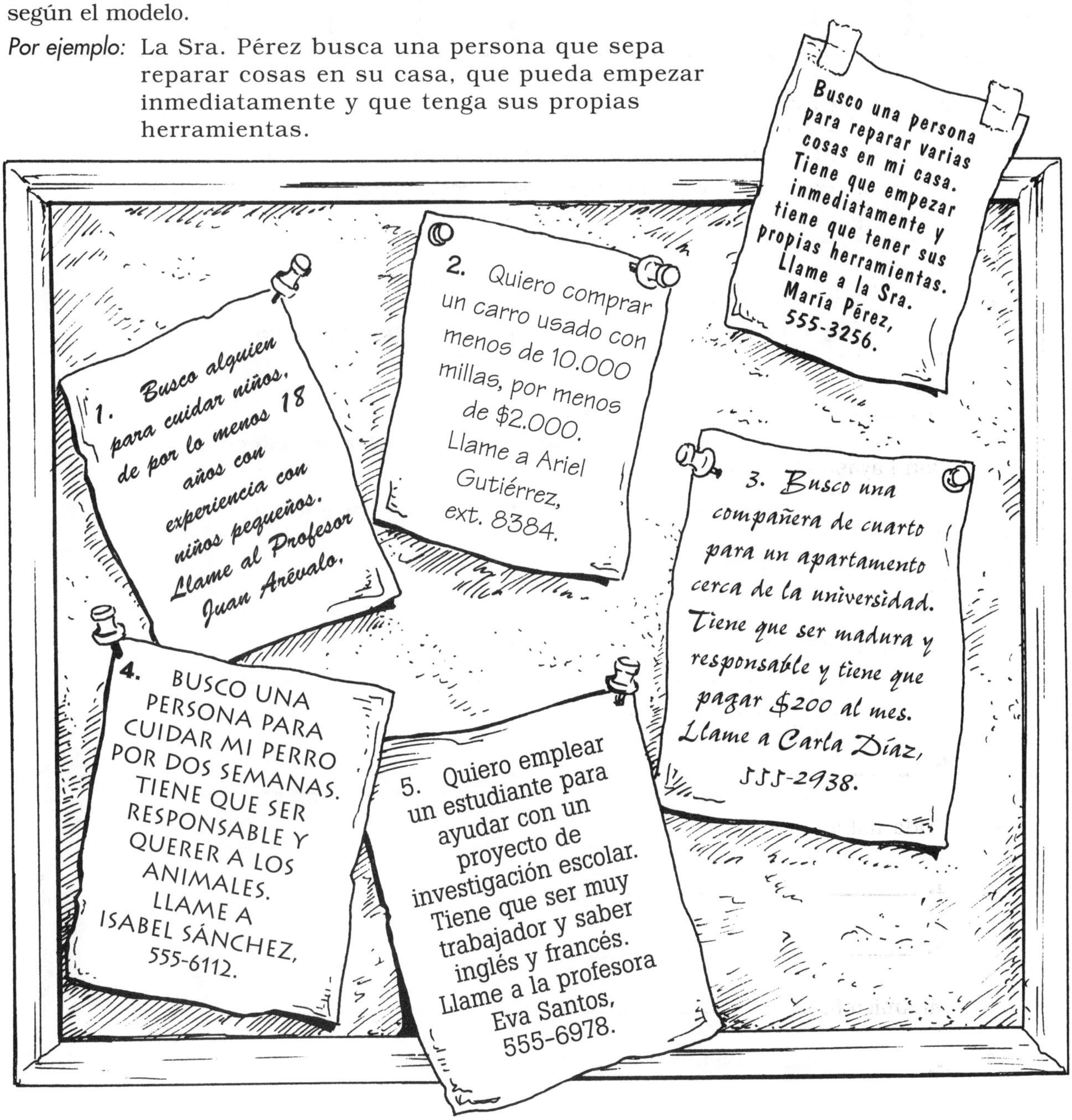

1. ____

____

2. ____

____

3. ______________________________

____

4. ______________________________

____

5. ______________________________

____

C. Aspectos personales. Conecta las frases con una de estas expresiones: **no hay nadie**; **no hay nada; busco... que; quiero... que.** Sigue el modelo.

Por ejemplo: cuando estoy triste/entender

Cuando estoy triste no hay nadie que me entienda mejor que mi mamá.

(Cuando estoy triste busco un amigo que me entienda.)

1. cuando tengo un problema/ayudar

____

____

2. cuando tengo hambre/gustar

____

____

3. cuando voy de compras/ser o gustar

____

____

4. cuando no me llevo bien con mi pareja/poder aconsejar

____

____

5. cuando estoy nervioso(a)/calmarme

____

____

LECTURA

VOCES DEL MUNDO HISPANO

Lee el artículo y completa las actividades que siguen.

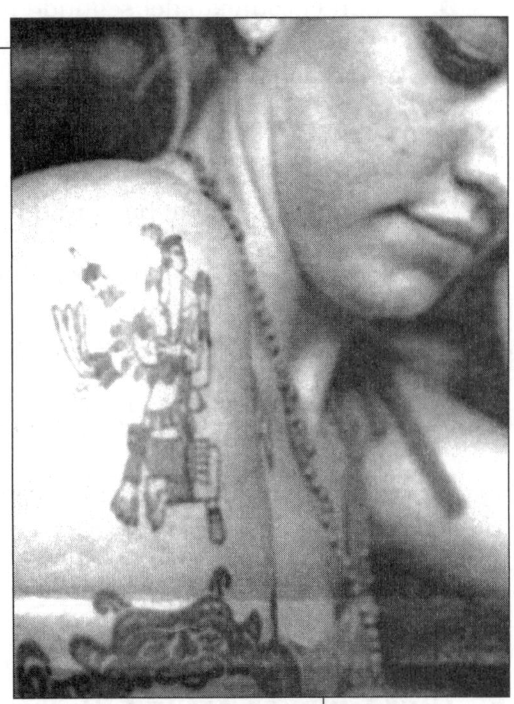

TATUAJES, UNA MODA QUE INCOMODA

A veces por rebeldía o fanatismo, los jóvenes se tatúan el cuerpo y después viene el arrepentimiento o empiezan las dificultades a la hora de encontrar trabajo. Es una técnica que fue tomada de los indios de Tahití, en la Polinesia.

POR SILVIA OTROVSKY

"Me gusta usar el cuerpo como si fuera un cuadro una escultura. Lo voy componiendo, combino los trazos, los colores. Si veo que estoy muy cargado en un lado pongo algo más liviano del otro para equilibrarlo. Yo creo que el tatuaje es el paquete, lo que se ve." Así explica Katun su entusiasmo por esta técnica que sigue haciendo furor entre los jóvenes.

El problema se presenta, a veces, a la hora de buscar trabajo. Ante la enorme cantidad de postulantes para cada puesto vacante, las empresas endurecen sus condiciones de empleo y, en muchos casos, una de ellas es que candidatos no tengan tatuajes. ¿Puede interpretarse esta exigencia como una discriminación? Quizás. Pero la empresa privada tiene el derecho de elegir la imagen que quiere transmitir. En todo caso, la prohibición de los tatuajes es tan cuestionable como pedir jóvenes de pelo corto, traje y corbata o chicas "de buena presencia" sin que se sepa muy bien a qué se refieren.

Por otro lado, también son muchas las reparticiones públicas —entre ellas a la policía y el ejército— que piden que sus empleados no tengan marcas.

A. ¿Entendiste? Contesta las preguntas.

1. ¿Dónde se originó la costumbre de tatuarse?

____

____

2. Describe la filosofía de Katun con respecto a su cuerpo.

____

____

3. Según el contexto del segundo párrafo, el significado más probable de **postulante** es...

a. posibilidad

b. una persona que busca empleo

c. experiencia

d. una persona que ha perdido su empleo

Palabras útiles

cargado	*overloaded*
liviano	*light*
puesto	empleo
endurecen	hacen más estrictos
el derecho	*right*
quizás	tal vez, posiblemente

4. ¿Por qué tienen las empresas condiciones de empleo tan estrictas?

____

5. ¿Por qué puede ser un problema tener un tatuaje?

____

6. ¿Qué cuestión legal o ética se presenta en el artículo?

____

B. ¿Para qué se tatúan Muchos jóvenes se tatúan, se afeitan la cabeza o llevan la ropa de cierto estilo para crear una imagen o para provacar una reacción en otras personas. Selecciona varios estilos o costumbres populares de hoy y comenta los motivos posibles.

Por ejemplo: Muchos jóvenes se tatúan para que sus padres se enojan.

Muchos jovenes se tatúan porque creen que los tatuajes son atractivos.

____

____

____

____

____

____

____

PARA ESCRIBIR

Los tatuajes

Tienes un/a amigo(a) que piensa tatuarse. Escríbele una carta en la que le das consejos. ¿Qué le aconsejas? Habla de las ventajas y desventajas de los tatuajes.¿Es justo que los adultos les digan a los jóvenes lo que pueden hacer con respecto a sus propios cuerpos? ¿el pelo? ¿la perforación del cuerpo?

Capítulo

13

El físico es muy importante

VOCABULARIO

IMÁGENES Y PALABRAS

A. La tía Cecilia. Escoge las palabras indicadas para completar la narración.

Palabras útiles

estornudar	*to sneeze*
coger	*to catch*
el cerebro	*brain*
el latido	*beat*

La tía Cecilia es una vieja amable pero está obsesionada por (**1.** la salud, las manos, el cuello) ______________________ a pesar de que es bastante sana. Por ejemplo, si alguien estornuda° cerca de ella, Cecilia se preocupa por coger° (**2.** una cintura. una enfermedad, un riñon) ______________________. Cuando le duele la (**3.** cabeza, muñeca, espalda) ______________________, está segura de que tiene cáncer del cerebro°. Ella (**4.** cuida, evita, combate) ______________________ el alcohol, que es malo para el (**5.** hígado, pelo, corazón) ______________________ y dejó de (**6.** beber, fumar, mover) ______________________ hace muchos años cuando se supo que era malo para los (**7.** pulmones, tobillos, codos) ______________________. Toma mucha agua diariamente porque sabe que es bueno para la función de los (**8.** oídos, dedos, riñones) ______________________. Y aunque Cecilia es vieja, hace (**9.** ejercicios, huesos, pulmones) ______________________ para mantener los (**10.** músculos, ojos, pulgares) _________________ fuertes. Ella se (**11.** frota, pone, cuida) _________________ bien y trata de (**12.** tapar, evitar, doler) _________________ las enfermedades. Por lo general (**13.** combate, relaja, lleva) _________________ una vida (**14.** fría, sana, abrigada) _________________. El problema es que piensa demasiado en su estado físico. A veces de noche cuando sufre del insomnio, le parece que puede sentir el movimiento de la (**15.** cara, sangre, cintura) _________________ dentro de sus venas y empieza a contar los latidos° del (**16.** corazón, tobillo, pulmón) _________________. Cree que puede sentir los (**17.** huesos, hombros, brazos) _________________ del esqueleto poniéndose más pequeños como resultado de la edad. Si come un plato que no acostumbra comer, siempre sufre un malestar del (**18.** tobillo, corazón, estómago) _________________. Cuando mueve el brazo, le duele el (**19**. codo, tobillo, oído) _________________ y cuando mueve la cabeza tiene dolor de (**20.** oído, cuello, hígado) _________________. ¡Pobrecita! Su peor enfermedad es el ataque de nervios que le da como resultado de todo el (**21.** diente, estrés, pecho) _________________ producido por todos estos pensamientos.

B. Un monstruo de película. Alfonso Reyes, el genio de las películas de terror, ha inventado un nuevo monstruo. Completa la descripción del monstruo, según la imagen.

El monstruo tiene tres (**1.**) _________________ en vez de dos; uno está en el centro de la (**2.**) _________________. Encima de cada uno hay una (**3.**) _________________ muy peluda°. Sólo tiene una (**4.**) _________________ y está encima de la (**5.**) _________________. Dentro de su (**6.**) _________________ grande siempre hay un cigarillo que él (**7.**) ______________, no porque le guste sino porque quiere (**8.**) ______________ a la gente. En el centro de la cara tiene una (**9.**) ______________ muy pequeña. En cada mano tiene cuatro (**10.**) ______________ y dos (**11.**) ______________. Lleva una pulsera de arañas venenosas° alrededor de cada (**12.**) ______________ para que puedan morderles a sus enemigos. Tiene los (**13.**) ______________ muy agudos° para molestar a la gente cuando se encuentra entre una muchedumbre°. Sus (**14.**) ______________ son más gruesos que las piernas. En el (**15.**) ______________ tiene un tatuaje de un (**16.**) ______________ con la palabra "Mamá".

Palabras útiles

peluda	*hairy*
la araña venenosa	*poisonous spider*
agudos	*sharp*
la muchedumbre	*crowd*

C. Aspectos personales. Usa los siguientes verbos para indicar lo que te pasa o lo que haces en estas situaciones.

molestar doler estirar importar mejorar gustar

Por ejemplo: Estás estresado(a).
Cuando estoy estresada me duele la cabeza. (Cuando estoy estresada me gusta hacer ejercicios.)

1. Como demasiado.

____

____

2. Paso el día frente al televisor.

____

____

3. Llevo mi mochila muy pesada todo el día.

____

____

4. Hago ejercicios demasiado fuertes.

____

____

5. Me siento enfermo(a).

____

____

6. Me duelen los músculos.

____

____

7. Estoy nerviosísimo(a).

____

____

GRAMÁTICA 1

A. Consejos póstumos (*posthumous*). Tienes la oportunidad de darles consejos a varios personajes famosos. ¿Reconoces a algunos de ellos? Completa los consejos con órdenes informales.

1. Mi amigo MacBeth, ____________________ (seguir) tu conciencia, no ____________________ (escuchar) a tu mujer.

2. Querido Otelo, ____________________ (creer) lo que te dice tu mujer, no ____________________ (creer) las mentiras de Iago.

3. Julieta, no ____________________ (tomar) el veneno (***poison***), ____________________ (vivir) muchos años más.

4. Sansón, ____________________ (llevar) el pelo largo, no ____________________ (permitir) que Delila te lo corte.

5. ______________ (Construir) un arca, Noé, no

______________ (perder) ni un minuto. ¡Ya empieza a llover!

6. ______________ (Decir) la verdad, Pinocho, para que no te

crezca la nariz. No ______________ (decir) mentiras.

B. ¿Qué debo hacer? Usa los verbos indicados para darles consejos a tus amigos(as), según el modelo.

Por ejemplo: Me duele el cuello./mirar
Si te duele el cuello, mira una película; no mires el partido de tenis.

1. Me duele la cabeza./tomar

____

____

2. Me duele el estómago./comer

____

____

3. Me duele la espalda./ir

____

____

4. Quiero encontrar a mi pareja perfecta./buscar

____

____

5. Quiero llevarme bien con mi compañero(a) de cuarto./poner

____

____

6. Las películas de terror me causan pesadillas (***nightmares***)./ver

____

____

7. El café me produce insomnio./tomar

____

____

GRAMÁTICA 2

Haz lo contrario. Dile a tu amigo que haga lo contrario de lo que hace.

Por ejemplo: Me levanto tarde y no desayuno.
No te levantes tarde. Desayuna.

1. No me afeito. Así molesto a mis padres.

____

____

2. Siempre me quejo. No me río de mis problemas.

____

____

3. Me quedo solo cuando estoy triste. No me junto con mis amigos.

____

____

4. Me despierto tarde y me olvido de darle de comer a los caballos del rancho.

____

____

5. Me acuesto tarde y por eso no me levanto temprano.

____

____

6. Me preocupo por cosas sin importancia y luego no me siento bien.

____

____

7. Me muero de estrés; no me relajo.

____

____

LECTURA

VOCES DEL MUNDO HISPANO

LA ARMONÍA

Lee el artículo y completa las actividades que siguen.

armonía

Los pequeños estrés cotidianos, esos pinchazos que nos asaltan de improviso a cualquier hora del día, se acumulan sin que nos demos cuenta y acaban por causarnos todo tipo de enfermedades.

Suele decirse que si uno se conoce a sí mismo y se apoya en sus puntos fuertes puede llegar a convivir con el estrés y aceptarlo como una cuota que se debe pagar a esta sociedad del siglo XXI. Cuentos. Todos el mundo sabe que el estrés puede destrozarte el corazón, debilitar el cerebro, disminuir las defensas e incluso mermar la potencia sexual.

Dos sentencias del Tribunal Constitucional italiano admitieron la existencia de enfermedades no reconocidas y que están relacionadas con el modo de vida contemporáneo. Es decir, con el estrés. Igualmente, el Parlamento británico ha reconocido legalmente la enfermedad.

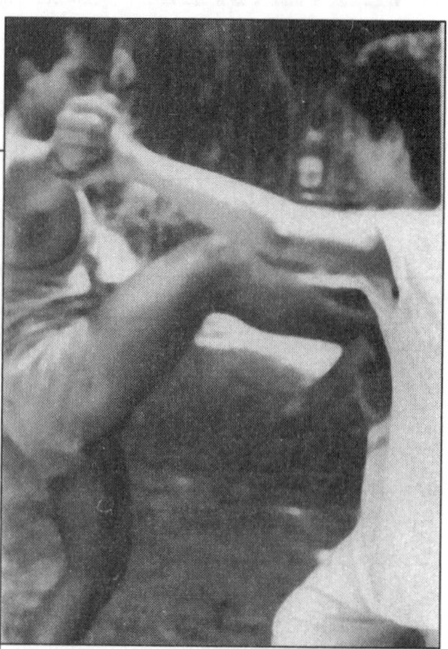

Distintos movimientos de la técnica Tai-Chi-Chuan. Esta suave arte marcial china combina técnicas de defensa con aplicaciones terapéuticas de la medicina tradicional china y ejercicios de meditación y relajación respiratoria.

Pero lo que realmente está conquistando a las víctimas urbanas en que nos hemos convertido es el Tai-Chi-Chuan, un estilo interiorizado del Kung-Fu, la técnica china de combate que hace años popularizó el actor Bruce Lee. Su práctica causa furor en Nueva York, donde la síntesis de la relajación y seguridad del Tai-Chi es la receta perfecta contra el estrés de esta ciudad

A. ¿Entendiste? Contesta las preguntas.

1. Según el artículo, ¿por qué es peligroso el estrés?

____

____

2. ¿Qué evidencia ofrece el autor del artículo para justificar la idea de que el estrés sea un problema serio para la salud?

____

____

3. ¿Qué métodos se emplean en varias culturas para combatir el estrés?

___

___

4. ¿Qué método recomienda el autor?

___

___

5. En el segundo párrafo, el significado más probable de **mermar** es...

a. reducirse c. hacer más grande

b. eliminar d. mejorar

Palabras útiles

el monje	*monk*
desarrollar	*develop*
hallado	encontrado
cotidiano	de cada día
se apoya	*leans on*
el cuento	historia
el despacho	oficina
huir	escaparse
as cifras	cantidades

B. El estrés de la vida diaria. El Tai-Chi-Chuan es una manera de luchar contra el estrés. Escríbele una carta a un/a amigo(a) que sufre del estrés. Usa las órdenes informales para darle consejos sobre cómo combatir el estrés de la vida diaria.

___

___

___

___

___

___

___

___

___

___

___

___

___

___

PARA ESCRIBIR

¿Cómo manejar el estrés?

Leíste sobre otras maneras de reaccionar al estrés. Escribe un párrafo sobre el estrés en tu vida diaria. ¿Qué situaciones o preocupaciones te hacen sentir estresado(a)? ¿Cómo se manifiesta el estrés? ¿Te duele la cabeza? ¿la espalda? ¿el estómago? ¿Qué haces para relajarte y escaparte del estrés?

Capítulo

14

El mejor remedio

VOCABULARIO

IMÁGENES Y PALABRAS

A. No hice la tarea porque... Completa la conversación entre una maestra y un alumno con las palabras apropiadas.

Alumno: Señora, quise hacer las tareas anoche aunque (**1.** sufría, me protegía, me mejoraba) ______________________ de la gripe, con una (**2.** fractura, fiebre, glándula) ______________________ alta y un dolor de (**3.** abeja, garganta, curita) ______________________ tan terrible que casi no podía comer ni hablar. También tuve unos (**4.** cosméticos, jarabes, escalofríos) ______________________ tan severos que me puse tantos suéteres que no podía mover el brazo para escribir. Los otros (**5.** síntomas, estornudos, hipos) ______________________ de la gripe eran las glándulas (**6.** tapadas, alérgicas, inflamadas) ______________________, la nariz (**7.** tapada, hinchada, grave) ______________________ y la (**8.** picadura, tos, venda) ______________________ que tuve era tan severa que el jarabe más fuerte no ofreció ningún alivio. Cuando llegó el médico, le dije "Tengo que (**9.** protegerme, mejorarme, caerme) ______________________ pronto porque quiero terminar mis tareas para mañana. Por favor, doctor, recéteme una (**10.** cortadura, roncha, droga) ______________________ muy fuerte o póngame una (**11.** lastimadura, inyección, hierba) ______________________ para que no tenga que perderme un día de clases." El médico me (**12.** ardió, picó, recetó) ____________________

penicilina, que es el (**13.** medicamento, yeso, jarabe) ____________________

más eficaz, y un (**14.** humo, antibiótico, resfrío) ____________________

también. Desafortunadamente tuve una reacción alérgica a la penicilina, y

por eso tuve la cara (**15.** hinchada, tapada, alérgica)

____________________ toda la noche. Además, tuve una (**16.** roncha,

vacuna, fractura) ____________________ por toda la piel que me (**17.**

ardía, picaba, corría) ____________________ como mil (**18.** picaduras,

abejas, fiebres) ____________________ de mosquito. Total que Ud. puede

ver que estaba (**19.** grave, tapado, increíble) ____________________ y por

eso no pude hacer la tarea.

Maestra: Pues, es una lástima que no puedas participar en el partido de baloncesto esta tarde.

Alumno: No, señora, voy a jugar. ¡Es (**20.** lástima, increíble, cierto)

____________________ que me haya (**21.** curado, sufrido, cortado)

____________________ tan rápido! Hoy estoy completamente bien.

B. La educación física. Completa la narración con las palabras apropiadas. Es posible que se usen algunas palabras más de una vez.

Alicia es la peor estudiante de educación física de toda la escuela. Ella odia la disciplina y no le gusta hacer ejercicio. Siempre llega al gimnasio con una excusa. Un día dijo que tenía (**1.**) ____________________, que iba a vomitar. La profesora le permitió ir al baño. Otro día Alicia llegó con un (**2.**) ____________________ en el brazo y dijo que tenía una (**3.**) ____________________ porque se (**4.**) ____________________ mientras patinaba. Una vez Alicia le mostró a la profesora una (**5.**) ____________________ que tenía en la rodilla y le dijo que (**6.**)

______________________ un accidente de bicicleta y se

(**7.**) ______________________ en la rodilla. Hay que tener

(**8.**) ______________________ con las (**9.**) ______________________ tan

severas, según Alicia. En otra ocasión, Alicia llegó andando con muletas

(***crutches***) y le dijo a la profesora que no podía participar porque se

(**10.**) ______________________ el tobillo. Es una

(**11.**) ______________________ que estas excusas de Alicia sólo sean

eficaces temporalmente. Su amiga Rosario es más lista. Ella le dijo a la

profesora que es (**12.**) ______________________ a los zapatos de tenis

que todos llevan en el gimnasio. Al principio la profesora no se lo creyó.

"He oído hablar de alergias al polvo o al (**13.**) ______________________ de

las flores o a la picadura de una (**14.**) ______________________ . Pero ¿a

los zapatos de tenis? Pero los (**15.**) ______________________ de Rosario

(ah... chis, ah... chis) al acercarse a los zapatos de tenis por fin

convencieron a la profesora. ¡Rosario no tuvo que asistir a la clase de

educación física el resto del año! ¡(**16.**) ______________________ que

pueda pensar yo en una excusa tan lista!, pensó Alicia.

C. Tus propias excusas. Completa las siguientes frases con tus propias excusas.

1. No pude hacer la tarea anoche porque...

____

2. No puedo estudiar para el examen de mañana porque...

____

3. Escribí la composición pero no la tengo porque...

____

4. No pude leer el capítulo porque...

____

5. No puedo participar en la clase de educación física porque...

____

6. No pude investigar el asunto en la biblioteca porque...

____

GRAMÁTICA 1

A. Para llegar a la perfección. Usa las órdenes formales de los verbos indicados para darles consejos a las siguientes personas. Para el número 6, escoge tus propios verbos.

Por ejemplo: El Sr. Saenz quiere ser el político ideal. (decir, mentir, entender, pensar)
Dígale la verdad a la gente, no le mienta. Entienda las necesidades de la gente. Piense en el bienestar del país, no sólo en sí mismo.

1. El Sr. López quiere ser el padre perfecto. (ser, proteger, querer, tener)

____

____

2. La Sra. Pérez quiere ser la suegra (***mother-in-law***) ideal. (criticar, visitar, ofrecer, hacer)

____

____

3. El Sr. Martínez quiere ser el malvado (***villain***) de telenovelas ejemplar. (decir, fingir, parecer, engañar)

____

____

4. Victoria Hernández quiere ser la mejor médica del hospital. (saber, explicar, ser, conocer)

____

____

5. El Sr. Jiménez quiere escibir una gran novela. (irse, escribir, olvidarse, incluir)

____

____

6. El Sr. Gutiérrez quiere ser el marido perfecto. (¿?)

____

____

B. ¡Cuídense! Eres un/a enfermero(a) que trabaja en este hospital. Diles a estos pacientes que (no) hagan cosas peligrosas. Usa las órdenes formales de los verbos indicados. Escribe una orden positiva y negativa en cada caso.

Por ejemplo: Sr. Vargas / cuidarse, fumar
Cuídese bien, Sr. Vargas. No fume.

1. Sr. Calderón / tener cuidado, caerse

____

____

2. Tomás y Anita / tomar el jarabe, seguir con tos

____

____

3. Sra. Ramírez / mirar lo que hace, cortarse

____

____

4. niños / llevarse bien, lastimarse

____

____

5. niñas / protegerse, quebrarse un hueso

____

____

GRAMÁTICA 2

A. Como agua para chocolate. Completa este relato sobre la novela ***Como agua para chocolate*** con la forma correcta de los verbos. Usa el presente del indicativo, el presente del subjuntivo o el infinitivo según el contexto.

Tita ______________ (**1.** ser) la hija menor de Mamá Elena. Según Mamá Elena, es imposible que Tita ______________ (**2.**casarse). Tiene que ______________ (**3.** quedarse) soltera para ______________ (**4.** cuidar) a su madre. ¿Existe una mujer que

____________________ (**5.** ser) más dominante que Mamá Elena? Es una lástima que a Mamá Elena no le ____________________ (**6.** importar) la felicidad de su hija. Es una pena que Tita se ____________________ (**7.** haber) enamorado de Pedro. Es cierto que Pedro ____________________ (**8.** querer) a Tita, pero va a casarse con la hermana de su amada. Va a casarse con una mujer que no quiere para que ____________________ (**9.** poder) vivir cerca de Tita. Tita y Pedro no pueden casarse a menos que Mamá Elena se ____________________ (**10.** morir), y es cierto que ella ____________________ (**11.** estar) en buena salud. Es necesario que Pedro y Tita no le ____________________ (**12.** decir) a nadie que están enamorados. Esperan que Mamá Elena no ____________________ (**13.** saber) nada de su amor. Ojalá que ellos ____________________ (**14.** encontrar) la felicidad, pero nadie cree que ____________________ (**15.** ser) posible ____________________ (**16.** guardar) un secreto tan grande. Me alegro de que nosotros no ____________________ (**17.** tener) costumbres tan opresivas en nuestra familia.

B. Reacciones. Expresa tus opiniones o reacciones usando las expresiones que siguen. Usa el presente del indicativo o el presente del subjuntivo según el contexto.

Es necesario que	Es una lástima que	Es imposible que
Es verdad que	Me alegro de que	Es cierto que
Dudo que	Ojalá que	Es una pena que

Por ejemplo: Muchos jóvenes empiezan a fumar.
Es una lástima que muchos jóvenes empiecen a fumar.

1. Pronto descubrirán la cura para el SIDA.

____

____

____

2. No han descubierto la cura para muchas formas del cáncer.

3. Es posible ser alérgico al trabajo.

4. Las hierbas pueden combatir muchas enfermedades.

5. Una roncha es un síntoma de la gripe.

6. El alma (***soul***) se va del cuerpo durante un estornudo.

7. El humo sólo le hace daño a la persona que fuma.

8. Los niños tienen cuidado de no caerse.

9. En Estados Unidos hay un buen seguro (***insurance***) nacional de salud.

C. ¿Ayúdeme, por favor! Tú escribes una columna de consejos que aparece en muchos periódicos. Lee esta carta y completa las frases que siguen para aconsejar a la mujer que la escribió.

Tengo tantos problemas que no sé por dónde empezar. Ayer mi hijo, a quien amo más que a nadie, volvió de la universidad. Vino con él su novia, Marisol, una joven totalmente calva (¡imagínese, se afeitó la cabeza!), con tatuajes por todo el cuerpo. Me parece un poco extraña, pero confieso que es una chica amable. Marisol trajo su "mascota", Lili, una tarántula grande y fea. A veces Lili se escapa de su jaula y anda por la casa. Uno la encuentra donde menos se espera y nos causa un susto, como puede Ud. imaginar.

Mi marido Raúl es un hombre muy conservador, a quien le gusta controlar todo. Dice que si Marisol y Lili se quedan, él se va. Mi hijo dice que Marisol es el amor de su vida y si la rechazamos, se va a ir de la casa para nunca volver.

Cuando pienso en este problema, me da un dolor de cabeza muy fuerte. Tengo los ojos inflamados de tanto llorar. No me siento bien. Ayúdeme, por favor.

Una madre desesperada

Querida señora...

1. Es una lástima que

____

2. Es posible que su marido

____

3. Es mejor que

____

4. Le recomiendo que

____

5. Es imposible que

____

6. Es necesario que

____

7. No va a vivir tranquila a menos que

____

8. Puede ser feliz con tal de que

____

9. Espero que

____

VOCES DEL MUNDO HISPANO

LAURA ESQUIVEL

Lee el artículo y completa las actividades que siguen.

Laura Esquivel y una historia de novela

La escritora **Laura Esquivel** tuvo una racha de mala suerte. Se divorció de su esposo, el cineasta Alfonso Arau (*Como agua para chocolate*) y para rematar terminó demandándolo por las regalías de dicha película. Después de todo, Esquivel es la autora del libro del mismo nombre y del guión en que se basó la exitosa cinta. Con su obra más reciente *La ley del amor*, parece que Esquivel quiere aclarar todos los malentendidos. Aunque no se ha reconciliado con su ex, en su novela Esquivel cuenta la historia de amor de una pareja que debe descubrir en su pasado las causas de su amor perdido. Es una aventura cósmica y espiritual en la cual los enamorados viajan desde la caída del Imperio Azteca hasta un México futurista del siglo 23.

Más aun, *La ley del amor* es la primera novela que integra música (desde Puccini a danzones cubanos) e imágener (las ilustraciones del gallego Miguelanxo Prado) a la narrativa, convirtiéndose así en una verdadera obra multimedia.

A. ¿Entendiste? Contesta las preguntas.

Palabras útiles

la racha	*rash of events*
el cineasta	actor de cine
demandándolo	*suing him*
las regalías	*royalties*
el guión	*script*
exitosa	*successful*

1. En tus propias palabras, ¿qué problemas tiene Laura Esquivel?

____

____

2. ¿Cómo se llama la nueva novela de esta autora?

____

____

3. ¿Qué quieren entender los protagonistas de esta novela? ¿Qué explicación buscan?

____

____

4. ¿Qué aspectos de esta novela te parecen raros?

____

____

B. Una carta a la autora. En tu libro de texto leíste una selacción de ***Como agua para chocolate*** de Laura Esquivel. Ahora acabas de leer sobre su nueva novela y de sus problema personales. Escríbele una carta a la autora en la que reaccionas a sus éxitos (**Me alegro de que...**) y a sus problemas (**Siento que...**). También hazle preguntas sobre las dos novelas mencionadas.

Estimada Srta. Esquivel:

____

____

____

____

____

____

____

PARA ESCRIBIR

Una entrevista

Vas a entrevistar al autor de un libro sobre la medicina alternativa. El libro trata de remedios caseros, mágicos, folclóricos y supersticiosos. Algunos pueden ser extraños o aun cómicos. Usa el vocabulario del Capítulo 14 para escribir las preguntas y las respuestas de la entrevista. ¡Usa tu imaginación!

Capítulo 15

Ciudades de ahora y de siempre

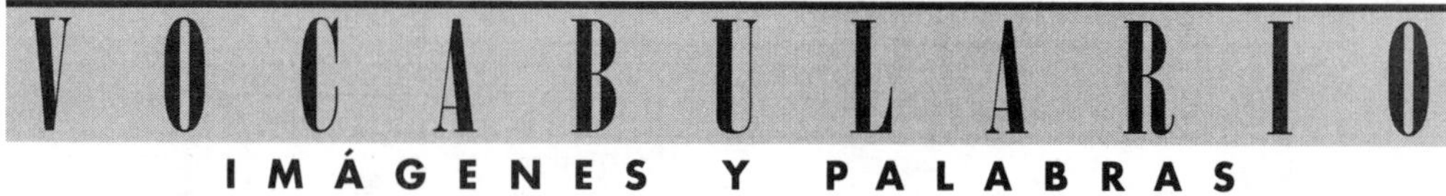

VOCABULARIO

IMÁGENES Y PALABRAS

A. El Sr. "Quejoso". Usa las palabras apropiadas del vocabulario para completar la conversación entre Ramón "Quejoso" y su mujer, Matilde.

Ramón: Estoy harto, Matilde. Tengo ganas de escaparme de esta maldita ciudad. Quiero que nos mudemos al campo donde no hay (**1.**) ____________________ del aire y uno puede andar por la (**2.**) ____________________ sin tropezar con los (**3.**) ____________________ que duermen en la calle. El (**4.**) ____________________ de las bocinas me tiene loco, los autobuses y camiones echan tanto (**5.**) ____________________ que no se puede respirar, y los (**6.**) ____________________ son tan altos que no se puede ver el cielo.

Matilde: Pero, mi amor, cuando vivíamos en el campo te morías de aburrimiento y te quejabas de la falta de (**7.**) ____________________ público y de que no había (**8.**) ____________________ de los negocios importantes que se encuentran aquí en la ciudad.

Ramón: No importa. No puedo aguantar tanta delincuencia. Las (**9.**) ____________________ están llenas de criminales y todavía se encuentran (**10.**) ____________________ de drogas en cada (**11.**) ____________________. Y las calles están tan (**12.**) ____________________ con tráfico que parecen estacionamientos. Deben hacer las calles más (**13.**) ____________________. Voy a escribirle una carta a la (**14.**)____________________ para quejarme.

Matilde: Pero, mi vida, en el campo decías que la tranquilidad incesante te volvía loco.

Ramón: Pues, me muero por tener un solo momento de tranquilidad. Sabes que esta mañana iba a la oficina de mi contador para discutir una nueva (**15.**) ____________________ de computadoras en la que quiero (**16.**) ____________________ dinero. No pude conseguir un taxi porque los (**17.**) ____________________ no trabajaban a causa de una (**18.**) ____________________. Bajé a la (**19.**) ____________________ de ____________________ pero tampoco funcionaban. Hubo un (**20.**) ____________________ entre dos trenes. Llegué a la (**21.**) ____________________ de autobuses, pero el autobús estaba tan (**22.**) ____________________, había tanta gente, que por fin decidí caminar las veinte (**23.**) ____________________ a la oficina. Allí supe que no vale la pena empezar un negocio en esta ciudad porque los (**24.**) ____________________ que hay que pagar son tan altos. Es la culpa del (**25.**) ____________________ que elegimos el año pasado. Prometió disminuir los impuestos pero, al contrario, los ha (**26.**) ____________________.

B. La ciudad ideal. Eres el (la) planeador/a de una ciudad del futuro. Indica los beneficios que habrá en tu ciudad para los siguientes grupos.

Por ejemplo: los minusválidos
Para los minusválidos habrá aceras y edificios con rampas para que puedan moverse sin problema.

1. los peatones

____

____

____

2. las madres que trabajan

____

____

____

3. los desempleados

____

____

____

4. los desamparados

____

____

____

5. los ancianos

____

____

____

6. los que no tienen auto

____

____

____

C. Crucigrama.

Horizontales

1. No se debe cruzar la calle cuando el _____ está en rojo.

6. Es una _____ que haya tantos desamparados en la ciudad.

7. Algunos pobres duermen en la _____ enfrente de los rascacielos.

8. El _____ es un metal muy duro que se usa en la construcción de edificios.

12. Es necesario tener más _____ infantiles para cuidar a los niños de las madres que trabajan.

14. Hay una huelga porque hace mucho tiempo que la empresa no _____ los sueldos de los empleados.

16. Los autos nuevos no van a _____ tanto humo.

17. Yo siempre les _____ dinero a los desamparados en la calle.

Verticales

1. A veces quiero escaparme de la calles de la ciudad y andar por una _____ en el campo.

2. Muchas máquinas se encuentran _____ una fábrica.

3. El alcalde promete _____ la calidad de los servicios de la ciudad.

4. Van a aumentar los impuestos del diez al _____ o doce por ciento.

5. En la ciudad siempre hay muchas _____ en construcción.

9. Construyen una nueva _____ para los criminales.

10. Habrá muchos desamparados _____ que construyan más residencias.

11. Es necesario cruzar el _____ para llegar al otro lado del río.

13. El gobierno promete disminuir la _____ pública.

15. Mi _____ es muy viejo y vive en un hogar para los ancianos.

GRAMÁTICA 1

A. "Superhombre" en Nueva York. Completa la narración con la forma correcta de los verbos. Usa el presente del indicativo, el presente del subjuntivo o el futuro.

El año que viene Superhombre _______________ (**1.** mudarse) de su hogar en Metrópolis y _______________ (**2.** vivir) en Nueva York. Cuando _______________ (**3.** llegar) este hombre de acero, todos los habitantes de la ciudad _______________ (**4.** celebrar) porque no _______________ (5. tener) que preocuparse por la delincuencia. Superhombre _______________ (**6.** ser) su protector y todos _______________ (**7.** poder) dormir más tranquilos. Actualmente hay mucha delincuencia, y los criminales _______________ (**8.** estar) muy activos hasta que _______________ (**9.** saber) de la llegada del héroe. La delincuencia no _______________ (**10.** disminuir) hasta que Superhombre _______________ (**11.** estar) allí, luchando por lo bueno

B. Aspectos personales. Expresa tus opiniones según el modelo.

Por ejemplo: yo / estar / contento(a) / cuando
Estaré contento(a) cuando reciba una A en la clase de español.

1. yo / ser / feliz / cuando

____

____

2. mis padres / no estar / contentos / hasta que

____

____

3. no haber paz en el mundo/ hasta que

____

____

____

4. yo / no casarse / hasta que

____

____

____

5. los problemas urbanos / mejorarse / cuando

____

____

____

6. yo / apoyar un candidato político / cuando

____

____

____

7. yo / tener hijos / cuando

____

____

____

8. cuando una mujer / ser presidente / el país

____

____

____

9. mis padres me / apoyar / hasta que

____

____

____

GRAMÁTICA 2

A. ¿Qué está pasando? Usa el tiempo progresivo de los verbos que siguen para describir lo que está pasando en la imagen.

tocar	dormir	apoyar	dirigir
construir	andar	echar humo	aumentar

1. ____

____

2. ____

____

3. ______________________________

____

4. ______________________________

____

5. ______________________________

____

6. ______________________________

____

7. ______________________________

____

8. ______________________________

____

B. El alcalde se defiende. Durante una conferencia de prensa el alcalde trata de calmar a sus críticos. Usa el progresivo para expresar las respuestas del alcalde a varios ciudadanos insatisfechos.

Por ejemplo: **Ciudadano:** ¡Ud. prometió que iba a disminuir los impuestos!
Alcalde: Pero estoy disminuyéndolos.

1. **Ciudadano:** Dijo que la municipalidad iba a construir otra carretera.

   Alcalde: ______________________________

2. **Ciudadano:** Nos prometió que la policía iba a disminuir la delincuencia.

   Alcalde: ______________________________

3. **Ciudadano:** Dijo que iba a encontrar los fondos para construir más refugios para los desamparados.

   Alcalde: ______________________________

4. **Ciudadano:** Según Ud., sus representantes iban a visitar los barrios pobres para investigar los problemas.

   Alcalde: ______________________________

5. **Ciudadano:** Prometió que los ingenieros iban a mejorar el transporte público.

   Alcalde: ______________________________

C. ¡Imagínate! Imagínate en las siguientes circunstancias y describe todo lo que está pasando y lo que estás haciendo.

Por ejemplo: una noche romántica
Estoy pasándola con mi pareja. Estamos mirando el fuego de la chimenea y pensando en nuestro amor. En la radio un grupo está tocando "nuestra" canción.

1. tu lugar favorito

____

____

____

2. vacaciones ideales

____

____

____

3. una ciudad muy emocionante

____

____

____

4. una noche romántica

____

____

____

5. una fiesta estupenda

____

____

____

6. un día de descanso

____

____

____

LECTURA

VOCES DEL MUNDO HISPANO

Lee el artículo y completa las actividades que siguen.

UN ALCALDE DIFERENTE

En muchas partes del mundo, las personas que se bajan los pantalones en público se arriesgan a que las arresten. En Bogotá, Colombia, el rector de la Universidad Nacional mostró su trasero a un grupo de estudiantes revoltosos y lo eligieron alcalde.

Su comportamiento se consideró indigno de un académico, y se vio obligado a renunciar a su cargo de rector. Pero su trasero fue filmado y apareció en las noticias de la televisión nacional, y al día siguente, Antanás Mockus se transformó en un personaje célebre.

Tres meses después, en octubre de 1994, seis millones de bogotanos decidieron que su modo singular de controlar grupos merecía un foro más amplio. Desilusionados con la política tradicional de los partidos políticos, eligieron a este filósofo y matemático para gobernar una de las cuidades más violentas de América Latina. El nuevo alcalde de Bogotá no tenía experiencia política y ni se preocupó en montar una campaña.

«No estoy de acuerdo con las promesas falsas y los ataques que caracterizan a las campañas electorales», dice Mockus «lo que deseaba era subrayar mi rechazo a tales prácticas».

En realidad, sus credenciales como político novato no necesitaban reafirmación. Mockus rompe el molde en todos los aspectos. A diferencia de sus colegas y predecesores, el alcalde se viste descuidadamente, y tiene un corte de pelo poco común y una barba. Su apariencia ha sido comparada con la de un monje loco, o con la de uno de los diminutos compañeros de Blanca Nieves.

Desde que es alcalde, las políticas de Mockus han sido tan extrañas como los acontecimientos que lo llevaron al poder. Recorre el centro de la ciudad vestido de «supercívico», para alentar a los compradores y a los vagabundos a que se conviertan en superciudadanos. La prensa local está organizando concursos para encontrar el superciudadano del año, y las empresas locales les conceden a sus empleados tiempo libre para participar.

Mientras tanto, frente a una ambulancia improvisada en el centro de Bogotá, cientos de jóvenes colombianos hacen cola para recibir su «vacuna contra la violencia». Dentro de la ambulancia, Alvaro, de catorce años, pinta la cara de un enemigo suyo en un globo y luego lo rompe, fija un deseo en el árbol de los deseos y recibe su vacuna simbólica, una gota de agua en la lengua.

Otras actividades y programas innovadores de Mockus incluyen:

- la oferta de pagar 100.000 pesos (100 dólares) por cada arma entregada a las autoridades durante ciertos períodos de tiempo
- fiestas al aire libre para los desamparados
- cerrar todos los bares a la una de la mañana durante las fiestas de Navidad para reducir las altas cantidades de alcohol que normalmente se toman. (Durante la Navidad de 1996 el número de personas muertas por la violencia se redujo a la mitad como resultado de esta innovación.)

¿Entendiste? Contesta las preguntas.

Palabras útiles

se arriesgan	se ponen en peligro
el rector	el que dirige la universidad
el trasero	*rear end*
el cargo	empleo
subrayar	dar énfasis
el monje	miembro de una orden religiosa
el concurso	competencia
el globo	*balloon*

1. ¿Qué hacía Mockus antes de ser alcalde de Bogotá?

____

2. ¿Cuáles son sus intereses académicos?

____

3. Escribe por lo menos tres razones por qué Mockus es "un alcalde diferente".

____

____

4. En tus propias palabras, ¿qué tres métodos emplea Mockus para combatir la violencia?

____

____

5. ¿Cómo trata de inspirarles a los ciudadanos un sentido cívico o un sentido de comunidad?

____

____

6. Según el contexto del segundo párrafo, el significado más probable de **renunciar** es...

a. abandonar, dejar de hacer algo
b. criticar
c. seguir, continuir
d. hablar contra

7. Según el contexto del sexto párrafo, el significado más probable de **alentar** es...

a. disminuir
b. prohibir
c. estimular
d. permitir

8. Imagínate que Mockus se presenta el año próximo en las elecciones de tu ciudad. ¿Votarás por él? ¿Por qué o por qué no?

____

____

____

____

PARA ESCRIBIR

Acciones poco convencionales

¿Qué piensas de las acciones no convencionales del alcalde Mockus? ¿Crees que a veces sus acciones son demasiado absurdas o groseras? ¿Puedes pensar en otras soluciones imaginativas a los problemas urbanos?

Capítulo

16

¿Qué nos reserva el futuro?

VOCABULARIO

IMÁGENES Y PALABRAS

A. La gente indígena. Completa la narración con las palabras apropiadas.

La gente indígena de las Américas ha mostrado gran respeto por nuestro planeta, la (**1.**) ________________. Esas tribus tenían una unión o (**2.**) ________________ con la naturaleza. Siempre han protegido los (**3.**) ________________ naturales en vez de usarlos hasta el punto de (**4.**) ________________los. No han agregado a la contaminación del (**5.**) ________________ ________________, y no hay especies (**6.**) ________________ a causa de las tribus indígenas. Los animales en (**7.**) ________________ de ________________ son el resultado de las acciones de la civilización moderna. Somos nosotros los que hemos contaminado los ríos con los (**8.**) ________________ que vienen de las fábricas en el proceso de (**9.**) ________________ las cosas que nuestra sociedad demanda. Nosotros estamos (**10.**) ________________ a muchos animales con los (**11.**) ________________ que usamos para matar insectos. Nosotros (**12.**) ________________ nuestra propia salud con las sustancias a químicas y los productos (**13.**) ________________. Y seguimos reduciendo la cantidad de (**14.**) ________________ fósil que nos queda, y destruyendo la (**15.**) ________________ de

_______________ que debe protegernos de los rayos dañinos del sol. Si estudiáramos las (**16.**) _______________ de _______________ de las tribus indígenas, podríamos aprender mucho sobre la importancia de cuidar nuestro (**17.**) _______________.

B. Mitos, leyendas y relatos bíblicos. Nombra el animal asociado con cada historia.

1. Según la Biblia, Jonás pasó un rato en la barriga (el estómago) de este animal. _______________
2. Este animal de la selva se asocia con un cereal de maíz muy popular. _______________
3. Este animal, normalmente lento, es famoso por haber ganado una competencia contra un conejo. _______________
4. Este animal se llama el rey de la selva. _______________
5. Según un mito moderno, este animal que normalmente vive en las ciénagas (*swamps*) está nadando por las alcantarillas (*sewers*) de Nueva York. _______________
6. Este pájaro se usa como el símbolo de los E.E.U.U. _______________
7. Hay varios mitos asociados con la capacidad de este mamífero acuático para comunicarse a través de una lengua. _______________
8. El oso "Smokey" representa la campaña para prevenir los _______________ _______________.

C. Aspectos personales. Completa las frases con varias posibilidades.

Por ejemplo: El amor por la Tierra es evidente cuando

a. la gente recoge la basura.

b. reciclamos lo más posible.

1. El amor por la Tierra es evidente cuando

a. ______________________________

b. ______________________________

2. Algunos ejemplos del odio que existen el mundo son

a. ______________________________

b. ______________________________

3. No debemos

a. ______________________________

b. ______________________________

4. La política de conservación será un fracaso a menos que

a. ______________________________

b. ______________________________

5. No habrá suficiente agua potable a menos que

a. ______________________________

b. ______________________________

6. Necesitamos darnos cuenta de (que)

a. ______________________________

b. ______________________________

7. Unos ejemplos del egoísmo humano son

a. ______________________________

b. ______________________________

8. Debemos elegir líderes que

a. ______________________________

b. ______________________________

9. Dos maneras de desarrollar más conciencia sobre los problemas del medio ambiente son

a. ______________________________

b. ______________________________

10. Dos cosas que hago para contribuir al bienestar del planeta son

a. ______________________________

b. ______________________________

GRAMÁTICA 1

A. El Sr. "Consumelotodo". Completa la descripción con la forma correcta de los verbos. Usa el pretérito del indicativo, el imperfecto del subjuntivo o el infinitivo.

El Sr. Consumelotodo era un vecino mío. Se comportaba (***behaved***) como si él solo ______________ (**1.** querer) ______________ (**2.** agotar) todos los recursos naturales del mundo. Este hombre creía que ______________ (**3.** ser) necesario dejar encendido (***running***) el motor de su auto por lo menos media hora cada vez que iba a conducirlo. Según él era importante que el motor ______________ (**4.** calentarse) muy bien para que el auto ______________ (**5.** seguir) funcionando a la perfección. No le importaba que sus vecinos ______________ (**6.** respirar) todos los gases de escape. Una vez él ______________ (**7.** encender) el motor, ______________ (**8.** entrar) en su casa para desayunar y ______________ (**9.** olvidarse) del auto. El motor ______________ (**10.** andar) una hora y media. Yo siempre esperaba que ese hombre ______________ (**11.** ganarse) la lotería y ______________ (**12.** mudarse) a una casa grande y lujosa muy lejos de mí.

Otra mala costumbre del Sr. Consumelotodo se notaba en los veranos. Cuando no llovía mucho y había escasez de agua, él siempre ________________ (**13.** regar) el césped unas horas cada día como si ________________ (**14.** tener) un lago personal para ________________ (**15.** utilizar). ¡Ojalá que ________________ (**16.** tener) un vecino más considerado! Era una lástima que él no ________________ (**17.** darse) cuenta de la necesidad de ________________ (**18.** cuidar) el medio ambiente.

B. ¡Ojalá! Para cada una de las siguientes situaciones, expresa un deseo usando el imperfecto del subjuntivo con **ojalá**.

Por ejemplo: Después de un picnic había basura y desperdicios por toda la playa.
¡Ojalá que la gente recogiera su basura en vez de dejarla en la playa!

1. Las grandes empresas siguen tirando sus desperdicios en los ríos.

____

2. Algunos políticos prometen cuidar el medio ambiente y no lo hacen.

____

3. Algunas empresas usan animales de una manera muy cruel para probar sus productos.

____

4. Estamos en peligro a causa de los daños a la capa de ozono.

____

5. En muchas ciudades hay basura en la calles.

____

6. Se producen virus nuevos que amenazan la salud de todo el mundo.

____

7. Se usan pesticidas que contaminan la vegetación, el agua y los animales.

____

8. Siempre hay una guerra en alguna parte del mundo.

____

C. Aspectos personales. Completa las frases.

Por ejemplo: Mi hermano mayor me trata como si...

Mi hermano mayor me trata como si no supiera nada y necesitara sus consejos para todo.¡Ojalá que me respetara más!

1. Mis padres me tratan como si...

____

2. Algunos profesores nos dan una gran cantidad de trabajo como si...

____

3. Algunos políticos nos hablan como si...

____

4. Algunos jefes de las grandes empresas ignoran el bienestar general como si...

____

5. Algunas personas tratan a los animales como si...

____

6. Algunas personas fuman en público como si...

____

7. Algunos jóvenes no parecen darse cuenta de los riesgos de sus acciones. Se comportan como si...

____

8. A veces cuando pienso en la pobreza y el odio en el mundo, me parece como si...

____

GRAMÁTICA 2

A. Si fuera diferente. Usa el imperfecto del subjuntivo y el condicional para reaccionar a las siguientes frases, según el modelo.

Por ejemplo: No tengo un millón de dólares.
Si yo tuviera un millón de dólares, combatiría la pobreza en mi ciudad.

1. No puedo saber el futuro.

____

2. Tengo que terminar mis estudios.

____

3. Tengo tanto que hacer.

____

4. El mundo no es perfecto.

____

5. Los animales no pueden hablar.

____

6. No sabemos lo que está pensando otra persona.

____

7. No hemos desarrollado lo suficiente la energía solar.

____

8. No nos damos cuenta de que existe una grave escasez de alimentos en varias partes del mundo.

____

9. No reciclamos lo suficiente.

____

10. No hay solidaridad humana en el mundo.

____

B. Causas y resultados. Escribe frases según el modelo. Emplea el condicional en la primera parte de la frase y el imperfecto del subjuntivo en la segunda.

Por ejemplo: Mis padres / estar orgullosos
Mis padres estarían orgullosos si yo sacara una buena nota en la clase de español.

1. yo / tener mucho miedo

___

2. mis amigos / ser feliz

___

3. yo / aprender más

___

4. la vida / ser menos peligrosa

___

5. no haber / más guerras

___

6. nadie / conducir borracho (***drunk***)

___

7. el medio ambiente / mejorarse

___

C. ¿Qué harías? Escoge cinco de las siguientes personas y en cada caso indica qué harías (o no harías) si fueras él o ella.

Por ejemplo: Cenicienta
Si yo fuera Cenicienta, no toleraría los abusos de mis hermanastras.

1. Romeo o Julieta

___

2. una persona inmortal

___

3. el profesor / la profesora

____

4. el/la jefe(a) de una gran caridad (*charity*) con mucho dinero a donar

____

5. Blancanieves

____

6. el líder de un país con una gran selva tropical

____

7. el/la jefe(a) de una gran empresa

____

VOCES DEL MUNDO HISPANO

GUARDIANA DEL LEGADO SILVESTRE

Lee el artículo y completa las actividades que siguen.

Hace unos años, una tarde de verano apareció en la puerta principal del Zoológico de Belice un viejo de cabellos blancos y rostro arrugado. Había pasado la hora de cerrar y Sharon Matola, la fundadora y directora estadounidense del único zoológico de Belice, estaba cansada. De cualquier manera, saludó al hombre y lo hizo pasar. Lo acompañó personalmente (como hacía con todos los visitantes durante los primeros días del zoolólogico) llevándolo a ver los tapires, las boas y *currasows*, contándole un poco sobre cada uno. Cuando llegó a los jaguares y comenzó a explicarle por qué estaban en peligro de extinción en muchas partes de América Central, el hombre comenzó a llorar. "Discúlpeme, señorita", le dijo el enjuto visitante, "he pasado mi vida entera aquí en Belice y ésta es la primera vez que veo los animales de mi propio país". Para aquel hombre y, para muchos de los 200.000 habitantes de Belice, el zoológico ofrece un primer mensaje que han oído sobre la necesidad de conservarla.

En sólo una década, el Zoológico de Belice se ha transformado en el centro de la conservación en un país que es vital para la preservación de la vida silvestre de Centroamérica. "Quiero involucrar a la población local con su medio ambiente", dice Matola refiriéndose a su zoológico, situado entre la ciudad de Belice y Belmopán, la capital del país. "A menos que la gente sepa que vale la pena preservar la vida silvestre, destruirán el hábitat de los animales". Aunque sólo tiene una extensión de 209.800 kilómetros cuadrados, Belice ha adquirido una importancia que contradice su tamaño. Mientras que en el resto del istmo se han quemado o cortado la mayoría de los árboles, los bosques tropicales de Belice han permanecido mayormente intactos, y albergan animales raros o extinguidos en otros países.

En realidad, Belice ha destinado casi un tercio de su territorio a parques y reservas de la vida silvestre, salvaguardando así más de su acervo nacional que cualquier otro país centro o sudamericano. Uno de ellos, la Cockscomb Basin Forest Preserve, de 43.700 hectáreas, es el único refugio reservado para jaguares, el felino más grande del Nuevo Mundo. Belice (que se llamaba Honduras Británica hasta 1981) también posee los arrecifes de coral más extensos de las Amércias. "Belice es un ejemplo de biodiversidad", dice William Konstant, asesor de zoológicos y director del programa de especies de Conservation International, un grupo con sede en los Estados Unidos. "Las perspectivas de la preservación de hábitat son mejores en Belice que en cualquier otro lugar de América Central".

Que un zoológico desempeñe un papel tan importante en la preservación de la vida silvestre podrá sorprender a algunos, pero no a los que conocen a Sharon Matola. Alta y atractiva, Matola exuda energía, entusiasmo e indignación. No sólo es la fundadora y la directora del Zoológico de Belice, sino que durante muchos años también su principal custodia, directora de educación, publicista y recaudadora de fondos. También se ha convertido en uno de los voceros más francos y efectivos de la preservación de los animales y el hábitat en Belice. "Sharon ha integrado a un zoológico en un esfuerzo nacional e internacional por salvar los bosques tropicales de América Central", dice Konstant, que como ex director del Wildlife Preservation Trust International ayudó a financiar los programas de Matola. "El Zoológico de Belice está haciendo exactamente lo que debe hacer un buen zoológico".

¿Por qué le han de importar los animales de Belice a una mujer nacida en Baltimore, que trabajó en un circo, fue domadora de leones y asistente de filmaciones? "Tenemos una gran variedad de vida silvestre", dice Matola, que ahora es ciudadana de Belice. "Quiero ayudar a alertar a la población acerca de la importancia biológica de su país. Quiero ayudar a crear un orgullo nacional por la vida silvestre y el medio ambiente de Belice". Y agrega que "he logrado mucho en diez años. Me he involucrado en algo mucho más grande que yo misma. Dedico toda mi energía y mi tiempo al zoológico y a la conservación. Quiero compartir mi sentimiento de que es importante conservar la vida silvestre de Belice. Cuando se ve la magia en los ojos de los niños, se sabe que lo que se está haciendo es correcto".

A. ¿Entendiste? Contesta las preguntas.

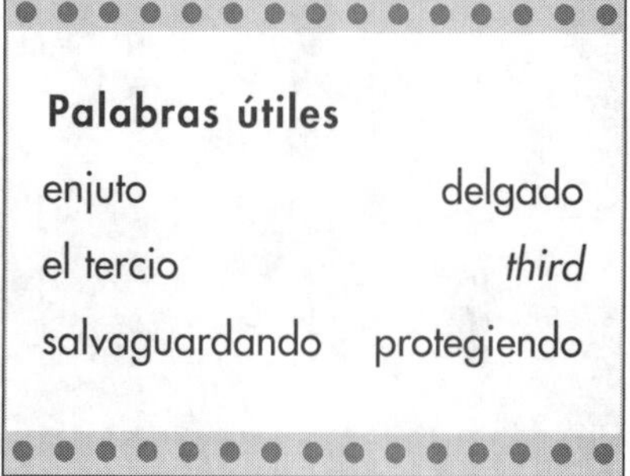

Palabras útiles

enjuto	delgado
el tercio	*third*
salvaguardando	protegiendo

1. ¿Cómo reaccionó el viejo al ver los animales? ¿Por qué tuvo una reacción tan fuerte?

____

____

2. En el artículo se hacen varias comparaciones entre la política de conservación de Belice y las de los otros países de Centroamérica o Sudamérica. ¿Qué diferencias se presentan?

____

____

3. ¿Qué sabemos de la personalidad de Sharon Matola? ¿Cómo se caracteriza ella? ¿Cuáles son sus pasiones y metas?

____

____

4. ¿Cuál es el mérito del esfuerzo de Sharon?

____

____

5. Según el contexto del artículo, el significado más probable de **silvestre** es...

a. relacionado a la plata

b. civilizado

c. relacionado a la selva, el bosque o la naturaleza

d. contaminado

6. El verbo **involucrar** aparece en el segundo párrafo y otra vez en el quinto. Según el contexto, el significado más probable es...

a. to get involved

b. to salvage

c. to transform

d. to improve

7. Según el contexto al fin del segundo párrafo, el significado más probable de **albergan** es...

a. dan comida

b. protegen, dan refugio

c. facilitan el estudio de

d. ponen en peligro

8. ¿Conoces a una persona que se dedique a una causa tanto como Sharon Matola? ¿Qué ha hecho esta persona?

____

____

B. Más guardianes. Sharon Matola es protectora de la selva tropical y de los animales en peligro. La madre Teresa fue protectora de los pobres y enfermos. Contesta las preguntas.

1. ¿Puedes nombrar a otras personas dedicades a mejorar el mundo? ¿Quiénes son?

____

____

____

2. ¿Como sería el mundo si todos tuviéramos la pasión de resolver o mejorar algún problema de nuestra sociedad? Escribe una lista de seis maneras en que el mundo sería diferente si hubiera más personas dedicadas.

a. ______________________________

b. ______________________________

c. ______________________________

d. ______________________________

e. ______________________________

f. ______________________________

PARA ESCRIBIR

Las pasiones

Leíste sobre la gran pasión de Sharon Matola. Si en este momento tuvieras los recursos para seguir cualquier pasión o meta, ¿cuál sería? ¿proteger algún aspecto del medio ambiente? ¿una obra por el bienestar o la solidaridad humana? ¿una meta artística, económica o política? Escribe un párrafo al respecto.

____

____

____

____

____

____

____

____

____

SELF-TESTS

The self-tests in this secton of the Workbook are not meant to be exhaustive, nor do they presume to fit the variety of course goals of the users of ***Visión y voz***. As diagnostic tools, these items are sufficiently open to promote the creativity and flexibilty necessary at this point, before you are presented with your instructor's own Unit test.

Suggestions for use: You may complete sections of these self-tests gradually in preparation for your Unit test. If done as homework, try not to use books or notes so that you can better diagnose your needs. If done in class, compare your responses in groups of three or four to see how you can improve your own performance and expand your response options.

¡Buena suerte!

Autoevaluación

Unidad 1

Metas cumplidas

En la Unidad 1, aprendiste a hacer preguntas y a hablar de ti y de otros con respecto a...

la nacionalidad	**ser** + *nationality*	¿**De dónde** eres / es / son?
la personalidad	**ser** + *adjective*	¿**Cómo** eres / es / son?
lo físico	**ser** + *physical features*	¿**Cómo** eres / es / son?
la edad	**tener** + *años*	¿**Cuántos** años tiene / tienes / tienen?
las fechas	**números** de 1 a 100 y miles	¿**Cuándo**? ¿**Cuánto**?
las profesiones	**ser** + *profession*	¿**Qué** eres / es/ /son?
		¿**Quién** es?
las aspiraciones	**quiero ser** + *profession*	¿**Qué** quieres ser?
		¿**Por qué**?
planes y actividades	**querer** + *infinitive*	¿**Qué** quieres hacer?
	ir a + *infinitive*	¿**Cuándo** vas a...?
		¿**Adónde** quieres ir?
los intereses	**tener interés en**...	¿**Quiénes** tienen... ?
los gustos	**gustar** + *infinitive*	¿**Qué** te / le / les gusta?
las obligaciones	**tener que** + *infinitive*	¿**Qué** tienes que hacer?
las hablilidades	**poder** + *infinitive*	¿**Qué** puedes hacer?

También aprendiste a...

conectar tus ideas **y; también; no... tampoco; además; pero; porque; por ejemplo**

Ahora sabes más de...

quiénes son los hispanos	**grupos y nacionalidades**
cómo se llaman los hispanos	**nombre completo; nombre y apellidos**
cómo hablar por teléfono	**números** y frases idiomáticas
cómo solicitar empleo en el mundo hispano	el **currículum**
el enfoque personal en la entrevista de trabajo	¿**Cómo** eres / es?
	¿**Quiénes** son sus padres?
	¿**Qué** es su padre / madre / esposo(a)?

The following will help you organize and integrate what you have learned in Unit 1. It samples your learning and use of strategies, but it doesn't necessarily represent the emphasis chosen by your particular program or instructor.

I CULTURA

Choose two of the following and, in English, prepare a sensitive response for someone who does not have a sense for cultural differences. Be sure to provide the appropriate information as well as to communicate why cultural sensitivity is necessary in contacts with other people.

1. "Carmen Eliana Naretto Barca. Why write such a confusing, long name? Shorten it and simply put first, middle and last names as we do."
2. "Classify this García-Soto man as Latino race and be done with it."
3. "These people have no right to ask personal questions in a job interview. After all, I am only going to work there for six months."

II VOCABULARIO Y LECTURA

A. Solicitud de beca. Complete the following scholarship application form with your personal data and Hispanic usage for names, dates, addresses, etc.

SOLICITUD DE BECA

DATOS PERSONALES

Nombre: ____
Nombre de pila *apellido paterno* *apellido materno*

Fecha de nacimiento: _______ Sexo: ______ Estado civil: S C D

Ciudad y estado de nacimiento: _________ Nacionalidad: _______

Domicilio: ____
calle nº piso código postal *ciudad* *estado* *país*

Teléf. en la universidad: _________ Teléf. en casa: _________

DATOS FAMILIARES

Padre: ____
nombre y apellidos *ocupación* *edad*

Madre: ____
nombre y apellidos *ocupación* *edad*

ESTUDIOS

Universidad: ____________ Facultad: ____________

Carrera: ____________ Título y fecha: ____________

ACTIVIDADES Y / O INTERESES EXTRALABORALES

Clubs / instituciones públicas a las que pertenece:

____

Deportes y otros intereses: ______________________________

Periódicos / revistas que lee, programas de TV que ve: ______________

Lugar y fecha: ______________________________________

Firma: ____

B. Asociaciones. Think of a friend or family member and make at least five good statements for each category below, using the verbs **ir a**, **poder**, **querer**, **tener**, **ser**, and **gustar**.

Intereses en octubre, noviembre, diciembre: ______________________

____

Gustos en junio, julio, agosto: ______________________________

____

Habilidades en el trabajo / la universidad: ______________________

____

Sus metas para el año 2005: ________________________________

____

C. Fechas y precios importantes. Complete with the corresponding dates or prices.

1. Tengo mi fiesta de cumpleaños ______________________________

____.

2. Las clases del segundo semestre (trimestre) empiezan ______________

____.

3. En mi universidad, el año de estudios vale ______________________

____.

4. Un coche no demasiado caro vale ______________________________

______________________________.

5. Ir a México por julio y agosto vale ______________________________

______________________________.

D. Dos amigos. Complete the following conversation between two friends.

Luis	Lucía
(Marca el 235 26 34.)	¿ ______________________ ?
Buenas tardes. ¿ ______________________ ?	Con ella. ¿ ______________________ ?
Hola, Lucía. ______________________	______________________

E. Lectura. Use the strategies and vocabulary from this unit to read the following fragment and then complete the statements that follow to summarize the article in your own words.

LOS CHICOS MARAVILLA

Con todos los avances recientes en la electrónica y la computación, tenemos ahora una nueva generación de chicos maravilla que pueden invadir su universidad, su casa, sus instituciones o sus trabajos sin grandes problemas. Son los chicos maravilla de la Internet, que pueden introducir sus ojos en muchos programas o documentos importantes, secretos o públicos, interesantes o frustrantes, que encuentran en el vasto mundo de la computación mundial.

Varios de estos chicos tienen problemas con la justicia porque invaden sitios del gobierno que son supersecretos para la seguridad nacional o porque roban secretos financieros de los bancos y otras empresas. Algunos están ahora en prisiones federales o en sitios especiales para los adolescentes. No es bueno usar las habilidades y talentios para penetrar sistemas que son protegidos, pero no hay límites para la curiosidad de estos muchachos.

1. Estos chicos modernos son una maravilla porque

____

2. Algunos chicos están ahora en prisión porque

____

3. Podemos usar nuestras habilidades e intereses

____

III GRAMÁTICA

A. Precisión. Use forms of **ser**, **tener**, or **tener que** to complete the following.

1. En mi oficina de gobierno, el jefe no ________________ amable. Siempre ________________ algo que hacer cuando yo quiero hablar con él. A veces, ________________ difícil saber el nombre del jefe porque nunca está allí.

2. Tú ________________ mantener el laboratorio impecable porque el profesor de física ________________ muy ordenado y no le gusta ________________ sus documentos y libros por todas partes.

3. Si quieres ganar más de cincuenta mil dólares ________________ buscar empleo en una empresa de las que ________________ sistemas de computación que ________________ más interactivos, porque ellos ________________ modificarlos todo el tiempo y entonces hay mucha necesidad de programadores.

B. ¿Qué puedo decir? Provide an answer or rejoinder for each of the following.

1. ¿Qué quieres hacer el sábado?

____

____

2. Estrella no puede trabajar hoy.

____

____

3. ¿Quieres salir con nostotros?

____

____

4. ¿Vamos a ir a hacer ejercicio?

____

____

5. Hoy no quiero hacer nada.

____

____

C. Para invitar tienes que insistir. Invite a friend to do the following. He or she resists so you have to insist twice, each time phrasing your question a bit differently. Use forms of **querer**, **ir a**, **poder**, **tener que**.

1. ¿sacar un título de especialista en Homepages?
2. ¿buscar un empleo en el extranjero?
3. ¿ser dueño(a) de una empresa pequeña?

D. Por una razón muy sencilla. Complete the followiing statements about you and others (fill in the name of a friend or family member). Use forms of **querer**, **tener**, **(que)**, **ser**.

1. Mi amiga ____________ es emprendedora porque

____.

2. Mi amigo ____________ es demasiado perezoso porque

____.

3. ____________ es muy trabajador porque

____.

4. Yo soy algo desordenado(a) porque

____.

5. Las otras amigas son muy amistosas porque

____.

E. Buen editor. Choose the correct word to complete the following so that **1**) the paragraph makes sense, and **2**) nouns, verbs, adjectives, and articles agree. For some agreements you need to think of the noun's gender, but for the verbs you need only think of singular or plural.

Mi primo Marcos es muy (**1.**) (deportista / hogareño / especialista) y todos los sábados (**2.**) (corres / corren / corre) por (**3.**) (muy / mucho / mucha) tiempo para prepararse para el maratón. Él (**4.**) (es / está / tiene) sólo dieciséis años ahora y, como es adolescente, es (**5.**) (nada / algo / mucho) impulsivo y desordenado, pero a mí (**6.**) (le / nuestro / me) gusta su dinamismo y entusiasmo. También tiene interés en la música (**7.**) (colombiana / columbina / colombino) y le (**8.**) (gustan / juegan / gusta) tocar la guitarra y el piano. Yo (**9.**) (tiene que / soy / quiero) ayudar a Marcos porque él va (**10.**) (ir / a / en) ser muy famoso en el futuro.

IV EXPRESIÓN ORAL

Prepare five possible questions and answers for one of the following situations. Then use these questions to converse with your partner.

1. A phone call to someone to ask for a third party.

2. A job or a roomate search interview.

3. A first encounter with a Spanish-speaking exchange student.

V EXPRESIÓN ESCRITA

Choose one of the following and develop in Spanish.

1. Write a full description of a person you know well or write your own self-portrait. Jot down a few questions that you can use as a guide in providing physical and psychological traits, interests, abilities, and plans for the future.

2. Prepare your **currículum** in Spanish. Include as much detail as possible. Pay attention to format and correct spelling.

Autoevaluación

Unidad 2

Metas cumplidas

En la Unidad 2, aprendiste cómo hacer preguntas y cómo hablar de ti y de otros sobre...

actividades rutinarias	*verbs in present tense*	¿**Con quién** estudias los martes?
días de la semana	**lunes, martes, miércoles...**	¿**Cuándo** sales con ellos?
estaciones del año	**primavera, verano, otoño...**	¿**Qué** estación te gusta más?
hablar de tus gustos	**gustar** + *nouns*	¿**Qué** deportes te gustan más?
la rutina diaria	*reflexive verbs in the present*	¿**Dónde** te juntas con él?
lo que tienes ganas de hacer	*present tense*	¿**Por qué** no nos vamos lejos?
los estados de ánimo	**sentirse, estar**	¿**Cómo** se sienten ahora?
tus quejas	**estoy harto de; me muero de**	¿**Por qué** no comemos mejor?
la hora	**es la/ son las + número**	¿**Qué** hora es?
la hora de un evento	**... a la(s) + número + de la**	¿**A qué** hora es la fiesta?
	mañana/ tarde/ noche	¿**Cuándo** es la prueba?
la frecuencia de las actividades/ eventos	**casi nunca/ siempre, a menudo...**	¿**Por qué** no bailas a menudo?
cómo haces las cosas	**bien/ no muy bien, más o menos**	¿**Con quién** trabajas bien?

Ahora sabes más de...

cómo pasan sus ratos libres los hispanos	**actividades**	¿Vamos a **dar un paseo**?
cómo pasan las vacaciones los hispanos	**calendario y actividades**	¿**Dónde** esquías en agosto?

PRUEBA

The following will help you organize and integrate what you have learned in Unit 2. It samples your learning and use of strategies, but it doesn't necessarily represent the emphases chosen by your particular program or instructor.

I CULTURA

Choose *two* of the following and, in English, prepare a sensitive response for someone who does not have a sense for cultural differences. Be sure to provide the appropriate information as well as to communicate why cultural sensitivity is necessary in contacts with other people.

1. "I don't understand; does everyone go on vacation the same day? How does business function with everyone on vacation?"

2. "I think Spaniards and other Europeans have too many holidays. It seems they're always trying to get out of work."

3. "Hispanics take summer vacations too seriously. They should focus more on their work and take vacations only when they can afford the leisure time."

II VOCABULARIO Y LECTURA

A. En la agencia de viajes. A travel agency that specializes in planning dream vacations has asked you to provide information about yourself in order to assess your interests, needs, and lifestyle. Complete the following form with your personal data and Hispanic usage for names, dates, addresses, time, etc.

I. DATOS PERSONALES

Nombre: ______________________________
Nombre de pila *apellido paterno* *apellido materno*

Edad: ________ Sexo: ________

Estado civil: S C D Ocupación: ________

Domicilio: ______________________________
calle nº piso código postal *ciudad* *estado* *pais*

Teléf. en la universidad: ________________ Teléf. en casa: ________________

Días y horas que podermos llamar por teléfono: ________________

____

II. GUSTOS, ACTIVIDADES Y/O INTERESES DE RECREACIÓN

Clubs / grupos a los que pertenece: ______________________________

____

Lugares / países que ya conoce: ______________________________

____

Lugares / países que quiere visitar otra vez: ______________________________

____

Deportes y otros intereses: Programas de TV, periódicos, o revistas de viajes que ve o lee: ______________________________

____

III. VIAJES QUE DESEA HACER (DAR RESPUESTAS ESPECÍFICAS, POR FAVOR)

Areas, ciudades, lugares que le interesan: ______________________________

____

¿Por qué? ______________________________

____

¿Desea vacaciones-vacaciones o vacaciones con actividades?

____

____

¿Qué actividades le gustan más? ______________________________

____

¿Qué tipo de viaje desea hacer? ______________________________

____

(Es muy importante indicar si desea acampar, montar en bicicleta, quedarse en hoteles, tomar el tren,etc.)

¿Cuándo desea viajar? (Esto afecta el precio) ______________________________

____

Clima que prefiere: ______________________________

¿En qué mes? ______________________________

____

Duración del viaje: ______________________________

¿Con quién viaja? ______________________________

Lugar y fecha: ______________________________

____

firma

B. El tiempo. Indicate the season and the weather you associate with the following activities.

1. acostarse en la playa

____

2. esquiar en la montaña

____

3. dar un paseo

____

4. acampar

____

5. bucear

____

6. ver las flores

____

7. admirar los colores de los árboles

____

8. salir por la noche con poca ropa

____

C. Asociaciones. Tell at least ***three*** things you do in each of these situations. Do not repeat any activities.

1. Es medianoche y llueve.

____

____

2. Es un día festivo y no hay clase.

____

____

3. Estoy en la playa con amigos.

4. No tengo dinero y me muero de aburrido(a).

5. En junio empiezan las vacaciones de verano.

6. Es domingo por la noche.

7. Busco la aventura.

8. Me siento mal.

9. Es sábado por la mañana.

D. Mi tiempo libre. Complete the following with two sentences, according to your own ideas and plans. Use the new words and expressions you learned and be original.

1. Para el próximo puente

2. En los días de lluvia me

____

____

3. La mejor diversión es

____

____

4. No tengo ganas de arreglarme

____

____

5. Me muero de aburrido(a) si no

____

____

6. Estoy preocupado(a) y me quejo de

____

____

E. Lectura. Use the strategies and vocabulary from this unit to read the following fragment and then complete the statements that follow.

Directo al cielo

Movidos por el espíritu aventurero, un grupo de alumnos del Colegio San Ignacio de Santiago piensa ascender la montaña y llegar hasta el punto más alto de Chile en febrero. Piensan escalar el volcán Ojos del Salado y tocar el cielo a 6.983 metros de altura (unos 21.000 pies). Esta es la segunda vez que van a **subir**, porque en 1995 no terminaron (*finished*) su aventura por el frío y el viento. Por un lado, quieren encontrar a Dios en la naturaleza y, por otro, quieren aprender a conocerse, a comprenderse, a ayudarse y vivir juntos esta aventura extraordinaria.

A los profesores del San Ignacio les gusta **promover** los trabajos de verano, las misiones religiosas y los paseos ecológicos. Les gustan los alumnos que prefieren las aventuras únicas y que quieren aprender algo nuevo. La idea es no **gastar** mucho dinero y no divertirse sólo en fiestas todo el verano. "Un retiro espiritual es mucho mejor", dice un profesor.

En el Ojos del Salado, hace muchísimo frío en el verano también y los vientos son de ¡40 a 150 kilómetros por hora! Así es que por veinte días, los chicos tienen que mantenerse bien y sentirse llenos de energía. Es una **locura** estimulante, porque la meta es **apartarse** de la mediocridad, el consumismo y la pasividad.

De: "Con los ojos al cielo". Gabriela Correa. ***El Mercurio, Revista del Domingo***. 17 de septiembre de 1995, págs. 14-15.

1. Dos cosas muy buenas de esta aventura son

____

____

2. Dos cosas malas o difíciles de este viaje son

____

____

3. Si haces una cosa extraordinaria puedes

____

____

4. La meta de esta actividad es

____

____

5. Puedo comprender algunas palabras nuevas de esta lectura, sin usar mi diccionario:

subir = ______________________

promover = ______________________

gastar = ______________________

locura = ______________________

apartarse = ______________________

III GRAMÁTICA

A. Precisión Read the following paragraph. Then, use forms of **irse, juntarse, morirse, divertirse, sentirse, vestirse, dormirse, decirse, aburrirse, escribirse** to complete it.

Si salimos en la expedición al volcán, voy a **1)** ____________________ muchísimo porque a mí me gusta la aventura y lo extraordinario; no me gusta **2)** ____________________ sin pensar en algo nuevo y estimulante. Claro, creo que ya **3)** ____________________ de terror cuando pienso en el frío y la altura del volcán, pero soy joven y si **4)** ____________________ preocupado y tenso ahora, no va a durar mucho. El lunes, **5)** ____________________ en el tren expreso hasta Antofagasta para **6)** ____________________ con mis compañeros que ya están allá. Para darnos energía, siempre **7)** ____________________ notas o cartas y **8)** ____________________ que no somos los primeros, que muchos otros jóvenes hacen cosas extraordinarias en el mundo. Muchos chicos no tienen dinero para **9)** ____________________ ni para comer a veces, pero nosotros estamos en un buen colegio y tenemos tanta ayuda. En estos días, no tengo tiempo para **10)** ____________________ con todas las cosas que tengo que preparar.

B. ¿Qué puedo decir? Provide an answer or rejoinder for each of the following.

1. ¿A qué hora te levantas cuando hay clases?

____

2. ¿Qué tipo de vacaciones te gustan más?

____

3. ¿Cuándo es tu graduación de la universidad?

____

4. Cuando te quejas de las clases, ¿de qué te quejas?

____

5. ¿Por qué se escriben tan poco los amigos ahora?

____

C. Ay, no puedo. Your new friends invite you to several activities but, each time, you are too busy to go out. Using **pensar**, **no poder**, **querer**, **llover**, **morirse de**, etc., and days of the week, provide two convincing excuses in each case. Connect the two sentences with **porque**, **además**, or **también**.

1. ¿Por qué no vamos a dar un paseo esta tarde?

____

____

2. Este jueves hay una fiesta en la Casa Hispana, ¿vamos?

____

____

3. Mira, no nos podemos perder el concierto de "Sublime". Nos vemos el martes a las cinco.

____

____

D. Misión imposible. Most people have their personal choice of activities, depending on time of day. Complete the following with a description of two things that you or your friends decidedly cannot or will not do at the times indicated. Use reflexive pronouns if necessary.

1. A las cinco de la mañana, nadie ______________________

____ .

2. ¡Qué mala idea! A la hora de mi programa preferido no __________

____ .

3. Al mediodía, no tengo ganas de ______________________

____ .

4. A la hora de mi siesta, no me ____

____.

5. A las ocho de la mañana, no ____

____.

E. Buen editor. Choose the correct word to complete the following so that **1**) the paragraph makes sense; **2**) subjects, pronouns, and verbal forms agree; and **3**) forms of **gustar** are accompanied by phrases with **a mí/ a todos/ a ellos** as well as articles for the things one likes.

No sé (**1.** cuándo/ qué hora/ a qué hora) es la primera reunión del grupo ecológico el jueves. Los grupos siempre (**2.** se juntan/ se junta/ se va) en el salón Barcelona, pero (**3.** se olvidan/ nos olvidamos/ olvidar) de dar la hora de la reunión. (**4.** A mi amiga/ A todos/ A mí) nos gusta el grupo porque siempre podemos (**5.** levantamos /arregla/ aprender) algo nuevo sobre la naturaleza. Hay muchas actividades; si (**6.** hace/ gusta/ ve) sol y es tiempo de turismo, Ud. puede (**7.** hablarse/ pasarlo/ llamarse) muy bien trabajando con los niños que visitan el jardín botánico. Sin embargo, si (**8.** a todos/ a los niños/ a ti) te gusta la naturaleza, si quieres (**9.** hablar/ hablas/ habla) bien el español y si estás harto de (**10.** se queda/ quedarte/ irse) en casa, es mejor (**11.** salir/ irse/ vivir) a Puerto Rico y visitar el parque El Yunque, que es una maravilla ecológica. Pero debes recordar que antes de (**12.** hacer/ viajar/ haciendo) un viaje, siempre tenemos que (**13.** informarse/ informarnos/ informamos) sobre la cultura y las costumbres que vamos a (**14.** buscar/encontrar/verse).

IV EXPRESIÓN ORAL

Prepare five possible questions and answers for one of the following situations. Then use these questions to converse with your partner. Use the vocabulary and verb forms learned in this unit. Do not forget to use pronouns with reflexive verbs. Also, use phrases with **a mí/ a nosotros** and articles with the verb **gustar**.

1. Your friend would like to go on a long vacation but you cannot afford the time or the money. Propose an alternative plan and give details. Be persuasive and original.

2. You and your friend have to try to persuade a group from another university to come to yours for an international student meeting. Describe activities on your campus and your area or city as attractively as possible to persuade the group to come.

3. Your university is planning to change from quarters to semesters and you agree with the change. Help show those who don't like the plan that longer periods of classes leave more time for traveling to other places and gaining experience with other groups or cultures. Also show that opposite seasons in other countries would allow you to ski in August or do water sports in January.

V EXPRESIÓN ESCRITA

Una pintura de palabras. Write a full, interesting description of a particularly enjoyable day during a recent outing or vacation. Be sure to indicate who is with you and at what time and what part of day you do each activity. Remember to use reflexive pronouns when necessary.

Por ejemplo: Es sábado, el primer día de las vacaciones de primavera. Estoy en el campo, muy lejos de la ciudad...

Autoevaluación

Unidad 3

Metas cumplidas

En la Unidad 3, aprendiste cómo hablar de ti y...

de tu familia	**padre, madre, hijos, hermanos**	¿**A quién** te pareces más?
	tíos, primos, abuelos, padrinos	¿**Qué** tipo de madre es tu mamá?
de eventos del pasado	el tiempo pretérito	¿**Cuándo naciste**?
	verbos **irregulares** del pretérito	¿**Qué puesto conseguiste**?
de actividades rutinarias del pasado	**fui, hice, llegué, busqué, organicé,**	¿**Qué** hiciste ayer?
decir cuándo ocurrió algo	**(ante)ayer, anoche, la semana pasada**	¿**Cuándo** te mudaste a Seattle?
decir cuánto tiempo hace que ocurrió algo	**hace** + expresión de tiempo	¿**Cuánto** hace que se conocen?
describir algo si no sabes el nombre...	**es de..., sirve para..., viene en**	¿**Para qué sirve esto**?
		¿**De qué es** tu camiseta?
describir qué haces para otros	**me, te, le(s), nos, os** + verbo	¿**Qué te** llevo mañana?
comparar cosas, gente, ideas y acciones	**más/ menos** + adjetivo + que **mejor/ peor que;**	¿**Qué** tipo de regalo es mejor?
	mayor/menor que	¿**Quién** es tu mejor amigo?

Ahora sabes más de...

cómo se forma el nombre completo	**el nombre y los apellidos**	¿**Cómo** se llama Ud.?
quiénes forman la familia de un hispano	**padres, padrinos, hermanos...**	¿**Qué** le diste a tu **ahijado**?
cómo funciona la red familiar	**abuelos, nietos, suegros...**	¿**Quién te consiguió** trabajo?
las tradiciones y las fiestas familiares	**el santo**	¡**Feliz Santo**!
cómo se celebran algunos eventos	**despedida, boda civil/ religiosa, muerte**	¡**Vivan los novios! Sentido pésame.**
qué se dice en cada ocasión	**que seas/sean muy...**	¿**Qué te regalaron**?
cómo se encuentra un piso en un edificio	**primer/segundo/tercer** piso	¿**En qué piso** viven los Gómez?

The following will help you organize and integrate what you have learned in Unit 3. It samples your learning and use of strategies, but it doesn't necessarily represent the emphases chosen by your particular program or instructor.

I CULTURA

Choose two of the following and, in English, prepare a sensitive response for someone who does not have a sense for cultural differences. Be sure to provide the appropriate information as well as to communicate why cultural sensitivity is necessary in contacts with other people.

1. "This is outrageous! It is our anniversary, our day to remember our wedding, our day to be alone, and you are telling me that your parents, brothers, and a whole bunch of people are coming to have dinner with us here?"
2. "I just don't understand this lady. How come if she is married she doesn't use her husband's last name? Maybe they are not married after all."
3. "Can somebody please explain to me why I can't find my friend's apartment in this building? I am on the third floor and everybody keeps pointing up when I ask for apartamento 305."

II VOCABULARIO Y LECTURA

A. Datos personales. Complete the following form with your personal data (Hispanic usage for names, dates, addresses, please) and your preferences.

I. DATOS PERSONALES

Nombre: ______________________________
Nombre de pila *apellido paterno* *apellido materno*

Domicilio: ______________________________
calle nº piso código postal *ciudad* *estado* *pais*

Teléf. en la universidad: ______________________________

Teléf. en casa (indique qué meses): ______________________________

Dónde nació: ______________________________

Dónde vivió en los últimos 10 años: ______________________________

Cumpleaños: ______________________________

Estado civil: S C D Regalos preferidos: ______

Hermanos y edades: ______

A quién se parece más: a ______

II. DATOS FAMILIARES

Días y horas en que podemos encontrarlo con su familia: ______

Actividades familiares preferidas: ______

Fechas importantes: ______

Ocupación del padre: ______ Intereses: ______

Regalos preferidos: ______

Lugar de nacimiento: ______ Cumpleaños: ______

Ocupación de la madre: ______ Intereses: ______

Regalos preferidos: ______

Lugar de nacimiento: ______ Cumpleaños: ______

Ocupación de un hermano: ______ Intereses: ______

Regalos preferidos: ______

Ocupación de un hermano: ______ Intereses: ______

Regalos preferidos: ______

Ocupación de un hermano: ______ Intereses: ______

Regalos preferidos: ______

Ocupación de un amigo: ______ Intereses: ______

Regalos preferidos: ______

Lugar y fecha: ______ ______
firma

B. ¿Con quién y cuándo? Tell with whom and when you do the following.

Por ejemplo: construir algo: Construimos una habitación con mi abuelo durante mis vacaciones. (Sólo puedo construir algo con mi abuelo en el verano).

1. compartir buenas ideas

2. influir a los nietos

3. conseguir un buen sueldo

4. llevarse bien

5. morirse de la risa

6. buscar regalos

7. sacar fotografías

8. compartir secretos

9. pagar el alquiler

10. dar consejos

11. pedir un favor

12. pelearse

13. trabajar

14. leer

____

15. casarse

____

C. Asociaciones. Provide at least three objects that can be found in the following events or places.

1. un cumpleaños

____

2. una billetera

____

3. un libro

____

4. la cocina

____

5. un bautizo

____

6. una despedida

____

7. una habitación de estudiantes

____

8. una tienda de cuero

____

9. bodas de oro

____

D. ¿Cuál es la ventaja? Complete the following with two sentences, according to your own ideas and plans. Use the new words and comparative structures you learned and be original.

1. La gente se muda de un apartamento a una casa porque

____

____

2. A veces es mejor comer en un restaurante que cocinar en la casa porque

____

____

3. Algunos solteros prefieren no casarse porque

____

____

4. Mucha gente quiere casarse porque

____

____

5. Es más fácil crecer en el campo porque

____

____

E. Lectura. Use the strategies, grammar and vocabulary from this unit to read the following fragment and then complete the statements that follow.

MAYOR NO ES SIEMPRE MEJOR

Me llamo Mario. Como fui el hermano mayor y tuve que preocuparme de los menores, resulté más tranquilo y conservador que todos los otros. Además, mis padres siempre me exigieron más a mí y, por eso, nunca tuve mucho tiempo para mis intereses. Siempre me saqué las mejores notas de todos los primos y nunca empecé nada sin terminarlo, porque mis mayores no me permitieron excusas de ninguna clase.

Por el contrario, todos mis hermanos y primos menores vivieron sus años de infancia y adolescencia con más alegría, menos obligaciones, más diversiones y aventuras y ¡las peores notas en el colegio! ¡Qué envidia más grande! Una excepción fue mi prima Ángeles, que siempre fue más independiente y despreocupada aunque fue hija única de mi tía Isabel Antonia. Ángeles siempre consiguió todo lo que se propuso: una buena carrera, un buen marido y mejores hijos y amigos. Sin duda, ella fue la más equilibrada y feliz de todas.

1. Mario creció rodeado de ____________________

____

2. Como hermano mayor, Mario tuvo que ____________________

____

3. Los otros hermanos y sus primos ____________________

____

4. Ángeles fue hija única pero ____________________

____

5. Ahora Ángeles ____________________

____

III GRAMÁTICA

A. Precisión. Primero, lee este párrafo. Después, usa formas de pretérito de los siguientes verbos para completarlo: **decir , despedirse, divorciarse, dormir, empezar, irse, morirse, sacar, sentirse, ser**.

Fue muy duro aceptar la idea del divorcio de papá y mamá. Mi papá ____________ (**1**) de la casa y me dijo que esa primera noche él no ____________ (**2**) nada. Unos días después ____________ (**3**) todas sus cosas del escritorio y ____________ (**4**) de nosotros. ¡ ____________ (**5**) muy triste verlo partir! Unos meses después mis padres ____________ (**6**) y entonces yo ____________ (**7**) a trabajar para tener más dinero. Me (**8**) ____________ muy mal varios años y casi ____________ (**9**) de pena la primera Navidad que pasamos solos, aunque él me ____________ (**10**) varias veces que me quiere igual, que no importa el divorcio.

B. ¿Qué puedo decir? Provide an answer or rejoinder for each of the following.

1. ¿Quién influyó más en ti cuando chico(a)? ¿Cómo?

   ____

2. ¿Cuándo te mudaste para acá?

   ____

3. ¿Quién te dio el mejor regalo para tu cumpleaños? ¿Qué fue?

   ____

4. ¿Qué te dijeron en tu casa cuando pediste más dinero?

   ____

5. Ayer se murió un amigo de la familia.

   ____

C. ¿Qué dijeron? Complete the following conversation between two cousins with past forms of verbs of saying (**decir, insistir, repetir, responder**) and the necessary indirect object pronouns.

Ana Luisa: Mi mamá ________________ ________________ dos veces: "No debes gastar tanto en regalos este año".

Carmencita: Y a Luis ________________ ________________: "Si quieres, puedes usar mi tarjeta de crédito".

Ana Luisa: Claro, por eso nosotras ________________ ________________ a ella: "Luis puede usar tu tarjeta, pero nosotras no. Eso no es justo".

Carmencita: De nada sirvió, porque ella ________________ ________________: "Chicas, no deben gastar tanto este año".

D. Fue imposible. Complete the following with a description of two things that you or other people ***did not*** or ***could not do*** when indicated. Use indirect object pronouns if necessary.

1. Como llovió el día de la boda, nadie ________________________

   ____.

2. ¡Qué barbaridad! En la fiesta, mi sobrino preferido no ______________
____.

3. El vendedor peleó conmigo. No ______________________________
____.

4. Como mis padres se enojaron, yo no __________________________
____.

5. Mi amigo no me dijo su cumpleaños, por eso no ________________
____.

E. Buen editor. Choose the correct word to complete the following so that **1**) the paragraph makes sense; **2**) subjects, pronouns, and verb forms agree; and **3**) indirect pronouns are accompanied by phrases like **a mí/ a todos/ a ellos**.

Mario lee **1.** (tanto/ cuánto/ tan) bien porque su tía Isabel **2.** (se/ le/ de) enseñó a leer cuando **3.** (cumplió/ cumpleaños/ tuviste) cuatro años. **4.** (A todos/ A dos/ A los) siempre nos obligaron a leer mucho en casa, porque mi tía **5.** (pudo/ influyó/ supo) con sus ideas en la familia: ¡la televisión es **6.** (el peor/ la peor/ el mejor) cosa para los niños porque mata la imaginación! Es claro que la pobre tía se equivocó, porque los sicólogos ya **7.** (demostraron/ dices/ comparten) que la tele, los juguetes y las computadoras son muy **8.** (buenas/ bien/ caro) para la capacidad intelectual de la gente en los últimos 30 años porque **9.** (me/ se/ nos) hacen practicar estrategias visuales y espaciales que son **10.** (mucho/ tantas/ muy) importantes para aprender más información en el mundo moderno.

IV EXPRESIÓN ORAL

With a partner, prepare possible questions and answers for three situations you may be in. Your instructor will rate your performance and that of your partner in one of the situations. Use the vocabulary, comparative structures, and preterit verbs learned in this unit. Do not forget to use indirect pronouns with verbs of saying or verbs that imply a receiver. Also, use phrases such as **a mí . . . / a nosotros(as) . . .** with these verbs.

1. You would like to give an interesting object to a young couple as a wedding present. Describe the object to the salesperson (your partner) without giving its name, by comparing it to other objects or indicating its uses or main characteristics. The salesperson tries to

find it in the "store" and proposes alternative gifts. Be creative and original. Use the following questions to guide your description: **¿para qué sirve?, ¿cómo es?, ¿de qué es?, ¿cuánto cuesta (vale), más o menos?, ¿en qué departamento está?, ¿quién lo usa?**

2. You and your partner have to try to convince another group to vote for a certain candidate for office. Describe the candidate by contrasting him or her to other people you know and emphasizing his or her personal characteristics and abilities. Describe how well the candidate can perform certain functions as compared to other people. Use the following questions to guide your description: **¿cómo es?, ¿qué hace extraordinariamente bien?, ¿qué cosas hace mejor que los otros?, ¿qué cosas le interesan?, ¿por qué la gente debe votar por él (ella)?**

3. You and your partner are a child and a parent. The child is trying to convince the parent to relax the rules around the house. Argue that such rules don't exist or are laxer in other homes and propose a wider variety of family activities to improve quality time. The parent insists that strict discipline is the best way of bringing up children but may be willing to compromise on some things.

V EXPRESIÓN ESCRITA

Choose one of the following and develop in Spanish.

1. Explica qué es la dedicación cualitativa en la familia. Dales consejos a los padres profesionales jóvenes sobre cómo aumentar el tiempo cualitativo con actividades originales y creativas. Dales ejemplos de actividades.

2. Describe a dos o tres familiares o amigos, según los roles que tienen en tu círculo familiar. Explica qué obligaciones tiene cada uno de ellos y también indica por qué son tan importantes para tu familia.

3. Escribe una narración de algo importante, divertido o extraordinario que ocurrió en tu familia cuando niño(a). Explica bien por qué este episodio tiene tanta importancia en tu vida ahora.

Autoevaluación

Unidad 4

Metas cumplidas

En la Unidad 4, aprendiste a hablar del pasado y a contar lo que pasó, haciendo preguntas sobre...

casas y cosas y tu niñez	**era, estaba, había, tenía**	¿**Cómo era** tu casa?
personas o cosas ya mencionadas	pronombres **lo, la, los, las**	¿Y **cuándo la** vendieron?
deseos, planes, habilidades y tareas de antes	el tiempo imperfecto	¿**Qué querían** ser/ hacer?
la rutina diaria y las actividades de antes	el tiempo imperfecto	¿**A qué escuela ibas**?
contar una historia con descripción del ambiente	el tiempo imperfecto	¿Y **hacía frío** allí?
y con narración de lo que ocurrió	el tiempo pretérito	¿Y **por qué** se mudaron?
dar fechas y precios	números de 100 (**cien**) a	¿**En qué año** naciste?
	1.000.000 (**un millón**)	¿**Cuánto costó** la casa?

También aprendiste a...

indicar el cambio entre descripción y narración	**de repente/ pronto**	¿Y cómo supo de ti?
	cuando..., **al** + infinitivo	¿Cuándo llegaron?
a organizar la narración en secuencias de acciones y eventos	**en seguida, luego, después, por fin, por último**	¿Y **qué hiciste** después? ¿Y qué pasó por fin?

Ahora sabes más de...

algunas casas y cosas del mundo hispano

cómo hablan algunos jóvenes hispanos

P R U E B A

Las siguientes actividades te servirán para organizarte e integrar lo que has aprendido en la Unidad 4. Las actividades ponen a prueba tus conocimientos y tu uso de estrategias, pero no representan exactamente el énfasis elegido o la dirección seguida por tu programa o por tu profesor(a).

Suggestions for use: Students may complete sections of this self test gradually in preparation for Unit test. If done as homework, encourage them to try not to use books or notes so that they can better diagnose their needs. In class, have students compare their responses in groups of three to four to see how they can improve their own performance and expand their response options.

I CULTURA

Elige dos de las siguientes preguntas y, en inglés, prepara una explicación para una persona que no sabe nada de las diferencias culturales. Trata de explicar las cosas de manera que no produzcas una reacción negativa en la persona que te escucha. Es importante darle la idea de que debe respetar y tratar de entender a las gentes del mundo.

1. "Why would all Spanish-speaking countries have different currency? I am sure they all use **pesetas**."
2. "Why don't all Spanish-speaking people get together and agree on one set of words? There's absolutely no way I can learn so many different words for the same thing in different Hispanic countries."
3. "I learned a slang word from Costa Rica but when I used it with a friend of mine from Spain, he didn't know what I was talking about."
4. "Of course, our homes are so much more comfortable. Those cities and streets looked so crowded to me. I don't think they like to have a nice lawn in the front yard."
5. "In Spanish-speaking countries they have separate schools for boys and girls because they want to prevent them from developing relationships and getting married too young."

II VOCABULARIO Y LECTURA

A. Encuesta de viviendas estudiantiles. Después de asistir a un programa de español intensivo en una famosa universidad, te piden que llenes el siguiente cuestionario. Contesta las preguntas en español y no te olvides de dar tus datos personales según el estilo hispano para escribir nombres y direcciones. Agrega todos los comentarios que puedas para usar bien el vocabulario que aprendiste en esta unidad. Si estudias en una universidad extranjera, te van a pedir que llenes una encuesta similar.

ENCUESTA DE VIVIENDAS ESTUDIANTILES

Departamento de Bienestar Estudiantil

I. DATOS PERSONALES

Nombre: ____
Nombre de pila *apellido paterno* *apellido materno*

Edad: __________ Sexo: __________

Estado civil: S C D Ocupación: ______________________

Si es casado(a), indicar si el (la) esposo(a) vive en el área ❑ sí ❑ no

número de hijos(as) ______________________

Año de estudios: ❑ primer año ❑ segundo año ❑ tercer año
❑ cuarto año ❑ quinto o más

Lugar de trabajo: ❑ en la universidad ❑ en el área universitaria ❑ otras áreas

Domicilio: ____
calle nº piso código postal

____
ciudad *estado* *pais*

Teléf. en la universidad: ______________________

Teléf. en casa: ______________________

Días y horas en que podemos llamarlo(la): ______________________

Tipo de residencia: ______________________

¿Cuántos trimestres/ semestres lleva en su habitación/ apartamento/ casa? __________

¿Cuántas veces se mudó desde que empezó sus estudios aquí y por qué (más cómodo, más barato, más cerca,etc.)? ______________________

II. PREFERENCIAS DE VIVIENDA

Favor de indicar, específicamente...

Vivienda que quería conseguir: ______________________

Vivienda asignada por la universidad o que consiguió en el área: ______________________

____

Número y/o tipo de habitaciones que deseaba: ______________________

Número y/o tipo de habitaciones que consiguió: ______________________

Número de personas con quien pensaba vivir y por qué: ______________________

____

Número de personas con quien vive: ___ ❑ en el mismo apartamento/casa

___ ❑ en el mismo cuarto

Número de personas que comparten las distintas habitaciones y servicios (por ejemplo, comparto el baño con tres personas y la lavandería, con quince personas):

____

Tipo de servicios que pidió (conexión de TV de satélite, estacionamiento, correo electrónico): ______________________

Tipo de servicios que obtuvo en realidad: ______________________

____

III. CAMBIOS QUE DESEA HACER (DAR REPUESTAS ESPECIFICAS, POR FAVOR)

Areas, lugares específicos que le interesan: ______________________

____

¿Por qué? ______________________

Servicios que quiere tener: ______________________

Aspectos que desea mejorar (por ejemplo, seguridad personal, servicios de limpieza, menos ruido) ______________________

¿Qué deseaba encontrar en su residencia presente, pero no fue así (un estar más grande, conexiones para computadoras, una cafetería cerca)? ______________________

____

____

¿Qué actividades de grupo le gustan ahora? ______________________

____

¿Qué actividades de grupo le gustaban antes? ______________________

____

B. Para ayudar a un novato. Imagínate que tienes que ayudar a un alumno hispano que acaba de llegar y que necesita comprar algunas cosas para su apartamento. Completa lo siguiente con los precios aproximados de los siguientes artículos, nuevos o usados.

1. un futón o una cama, una mesa y dos sillas ______________________

   ____.

2. un escritorio especial para la computadora y la impresora

   ____.

3. un coche (carro) viejo pero bien mantenido ______________________

   ____.

4. platos, tostadora, utensilios de cocina nuevos

   ____.

5. un viaje rebajado a Disney World ______________________

   ____.

6. una computadora ______________________

   ____.

C. Buenos amigos. Haz una lista de 8–10 quehaceres de la casa. Luego, piensa en tres amigos(as) y sus características personales. Según la personalidad y las preferencias de cada persona, asígnales tres o cuatro tareas a cada uno(a).

1. Como mi amiga ____________ es ____________________, ella

   puede ____________________, ____________________,

   ____________________ y ____________________.

2. Como mi amigo ____________ es ____________________, él

   puede ____________________, ____________________,

   ____________________ y ____________________.

3. A mi amigo(a) ____________ que es ____________________, le

   corresponde ____________________, ____________________,

   ____________________ y ____________________.

D. Lectura. Usa las estrategias y el vocabulario de esta unidad para leer el siguiente fragmento. En seguida, completa las frases para anotar las cosas más importantes sobre cada niño.

CÓMO PREDECIR EL FUTURO DE LOS NIÑOS

Con todos los avances recientes en la neurología y la psicología, los científicos tratan desesperadamente de descubrir los factores que determinan los valores, las capacidades y las habilidades de los niños del mañana. Quizás, si usan más el sentido común, también pueden aprender muchísimas cosas útiles de los valores e intereses de Mafalda y Susanita, Manolito y Felipe, los niños de Buenos Aires creados por el humorista argentino, Quino. En los años 60 y 70, estos chicos eran un reflejo de su sociedad. A Mafalda le preocupaban el destino del planeta Tierra, la liberación de los oprimidos (***oppressed***) y de las mujeres y, más que jugar o ayudar en la casa, le gustaba pensar y tratar de mostrarles a sus padres lo mal que vivían, constreñidos (***constrained***) por los prejuicios y la vanidad. Por el contrario, Susanita creció deseando casarse, tener muchos hijitos y llevar la casa para la familia. Nunca se interesó ni entendió una palabra de lo que le decía Mafalda, que era una intelectual y vivía analizando las cosas.

Manolito y Felipe siguieron caminos muy distintos. Manolito trabajó muy duro, con la energía que sólo tienen los inmigrantes, para aprender a llevar la tienda de alimentos de su papá. En la escuela, era incapaz de aprender nada, sin embargo, y en él podemos ver al astuto comerciante que depende más de sus estrategias que de sus capacidades. Felipe, por último, fue el retrato más sincero de un niño común y corriente, que prefiere la calle, las cometas y el fútbol a la escuela, las manos limpias, los planes para el futuro y los análisis filosóficos.

Quino, el creador de estos chicos inolvidables, dijo que, un tiempo después que terminó la tira cómica, Mafalda probablemente murió muy joven, dando su opinión en alta voz y luchando temerariamente por sus ideales. Por el contrario, Susanita probablemente vive ahora en una casona muy grande rodeada de sus nietos y nietas. ¿Y qué serán Manolito y Felipe?

1. Estos chicos son muy especiales porque ______________________________

____.

2. Puedo imaginarme un día típico de Felipe, cuando era chico y se escapaba de clases. Primero, salía ______________________________ ______________________________.

3. Mafalda ni jugaba a la mamá ni se trepó a ningún árbol porque ______________________________.

4. A Susanita la hacía feliz jugar ______________________________ ______________________________.

5. Creo que, a los 40 años, Manolito ya ______________________________ ______________________________.

6. El chico que más me gusta es ______________ porque __________ ______________________________.

III GRAMÁTICA

A. Precisión. Usa formas del imperfecto o del pretérito de los siguientes verbos para completar el párrafo.

haber saber ser estar ir a conocer poder querer

Una vez, ______________ **(1)** las doce de la noche y yo ______________ **(2)** en mi habitación, haciendo una tarea de ciencias sociales; mis padres no ______________ **(3)** en casa, porque ______________ **(4)** una cena de la compañía de mi papá. De repente, por pura intuición ______________ **(5)** que una persona me miraba. Sin embargo, yo no ______________ **(6)** ver a nadie en mi habitación. Mis dos hermanos menores dormían en otro dormitorio. Después de media hora, otra vez supe que alguien me miraba, pero no ______________ **(7)** hacer ruido para no despertar a los niños. Cuando ya ______________ **(8)** acostarme, después de terminar mi tarea, sentí la mirada otra vez. Entonces, llamé por teléfono a una señora que ____________________ (**9**) muy bien, porque ____________________ (**10**) amiga de mi mamá. Ella vino a mi casa rápidamente y, cuando llegó, vio que mis dos hermanitos estaban en el jardín, trepando a los árboles y jugando. ¡Ellos ____________________ (**11**) los que me miraban por la ventana y me tuvieron con tanto miedo!

B. La vida era más fácil. Contesta las siguientes preguntas sobre tu niñez.

1. ¿Qué profesor/a recuerdas mejor? ¿Por qué?

____

2. ¿Qué cosa querías cuando tenías diez años?

____

3. ¿Qué excursiones te gustaban más?

____

4. ¿Qué hacías para no hacer nada en casa?

____

C. A travieso, travieso y medio. A veces tus compañeros(as) no entienden de inmediato. Prepara dos versiones de cada pregunta que sigue para conversar con ellos(as) sobre travesuras infantiles.

Por ejemplo: ¿aspirar juguetes con la aspiradora? → Cuando eras chico, ¿aspirabas las muñequitas de tu hermana con la aspiradora? Yo le aspiraba las muñequitas a mi hermana, ¿y tú?

1. ¿pintar las paredes del salón con tus creyones?

____

____

2. ¿dormir con tus hermanos en el mismo cuarto?

____

____

3. ¿tener una bicicleta roja?

____

____

4. ¿recibir muchos regalos de tus parientes?

____

____

5. ¿jugar a la guerra de las galaxias?

____

____

6. ¿vender limonada en la calle?

____

____

7. ¿tirar piedras al río/ lago?

____

____

8. ¿vivir cerca del centro de la ciudad?

____

____

D. ¡Qué diferentes éramos! Completa las siguientes frases sobre tus amigos(as) y sobre tu propia persona (***yourself***). Escribe los nombres de tus compañeros(as) —o familiares— en los espacios dados.

1. Mi amiga ______________ no pudo ir de vacaciones porque

____.

2. Mi amigo ______________ fue a esquiar, no a la Florida, porque

____.

3. ______________ soy bastante ______________ pero,

cuando era chico, ______________________________

4. Cuando ____________ años, siempre ____________ la casa, pero ahora ____________.

5. Mi amiga ____________ no ____________ muy simpática. Una vez, nos ____________.

E. Buen editor. Elige la palabra correcta para completar esta historia. Fíjate que **1**) la historia sea lógica, **2**) las formas del pasado correspondan a las partes descriptivas (imperfecto) o narrativas (pretérito) de la historia, según aprendiste en esta unidad, y **3**) los pronombres de objeto directo concuerden (*agree*) en género (*gender*) y número con sus correspondientes sustantivos.

Como nació en una ciudad bastante grande, Miguelito (**1.** aprendía/ aprendió/ aprende) desde que (**2.** fue/ era/ tiene) muy chico a tomar el autobús en la esquina de su casa para ir al pre-kinder. (**3.** De repente/ A menudo/ Frecuente), cuando (**4.** lo/ las/ la) tomaba para ir a su escuela, ni su mamá ni su hermano (**5.** mejor/ mayor/ más) podían acompañarlo a la parada del autobús. Por eso, una vez nadie (**6.** le/ lo/ se) vio cuando tomó el autobús que iba al circo y no el que (**7.** vas/ fue/ iba) a su escuela. Después, por la tarde, Miguelito (**8.** dijo/ dio/ doy) que no tenía ninguna tarea ese día. Su mamá le preguntó, —Pero, ¿cómo que no tienes tarea? ¿Dónde (**9.** estabas/ es/ estuviste) todo el día, Miguelito? Y él respondió, muy tranquilo: —En el circo. Así (**10.** sabía/ era/ supieron) que Miguelito ya podía leer los letreros (anuncios) del autobús.

IV EXPRESIÓN ORAL

Prepara por lo menos cinco preguntas y respuestas sobre una de las siguientes situaciones. En seguida, úsalas para conversar con tu compañero(a).

1. A phone call to someone selling an article you would like to purchase at a reduced price.
2. An apartment-hunting interview with a landlord.
3. An attempt at helping a married, Spanish-speaking student find affordable living quarters.

V EXPRESIÓN ESCRITA

Elige uno de los siguientes temas y escribe sobre él en español.

1. Write a full description of your or another person's hobbies, collections and interests as a child. List all the activities you remember as a guide in describing what was involved in cultivating

the interest or keeping a collection of things. Once you have a good description of activities in the past, weave them together with contrasts with the present to make your description more interesting.

2. Prepare a description of your goals by using a description of activities and experiences of the past that serve as background for your present goals and interests. Include as much detail as possible so you can show how these activities and experiences prepared you for what you are or want to be now.

Por ejemplo: Para mí, la cosa más interesante del mundo es la biología y por eso quiero trabajar en un laboratorio de... para aprender más sobre las estructuras de...

Cuando era chico, siempre iba a explorar... y coleccionaba... Me gustaba estudiar las antenas de los insectos y construí un... para ellos. Un tiempo después, mis padres me regalaron un... y entonces pude ver... Como Ud. puede ver, hace muchos años que soy biólogo. Como profesional, espero estudiar... y trabajar en...

Autoevaluación

Unidad 5

Metas cumplidas

En la Unidad 5, aumentaste tu capacidad de contar cosas de antes. Aprendiste a dar más detalles del pasado, haciendo resúmenes y expresando dudas o deseos sobre lo que haya pasado. También aprendiste a usar pronombres para evitar la repetición y a hacer preguntas sobre las preferencias de la gente con respecto a...

la comida y su preparación	**Está... crudo, cocido, asado, frito**	¿**Cómo está** tu bistec?
	medidas y porciones	¿**Cuántas cucharadas** son?
cómo poner la mesa	utensilios y envases	¿Me trae un tenedor, por favor?
expresar las gracias y pena	**Gracias por haber** . . . + participio pasado	¿Le diste las gracias por haber traído el pastel?
	Siento (no) haber...	¿Sientes no haberle dado las gracias?
gente y cosas ya mencionadas	pronombres directos y indirectos: **me lo(la), te lo(la), se lo(la)**	¿**Se los** han cortado ya? ¿No **me lo** has servido todavía?
hacer un resumen del pasado	el tiempo presente perfecto	¿**Ya has comido**?
indicar frecuencia de los eventos	**ya, todavía no, alguna vez, muchas veces**	¿No han servido la paella **todavía**?
expresar dudo o deseo acerca delo que haya pasado	el presente perfecto del subjuntivo: **haya** + participio pasado	¿Crees que **las hayan hervido**? ¿Crees que **te las haya asado**?

También aprendiste...

cómo es y cómo varía la comida del mundo hispano	**pan, tortillas o arepas; vino, cerveza o chicha**
algunos platos, ingredientes y bebidas del mundo hispano	**papas a la huancaína, cebiche, sopa de ajo, trucha a la navarra, tortilla a la española**

PRUEBA

Las siguientes actividades te servirán para organizarte e integrar lo que has aprendido en la Unidad 5. Las actividades ponen a prueba tus conocimientos y tu uso de estrategias, pero no representan exactamente el énfasis elegido o la dirección seguida por tu programa o por tu profesor/a.

I CULTURA

Elige dos de los siguientes comentarios y, en inglés, prepara una explicación para una persona que no sabe nada de las diferencias culturales. Trata de explicar las cosas de manera que no produzcas una reacción negativa en la persona que te escucha. Es importante darle la idea de que debe respetar y tratar de entender a las gentes del mundo.

1. "I don't understand why you'd want to go to the market, with all that noise and weird smells, and all those crowds. Don't they have supermarkets?"
2. "There's absolutely no way I can learn so many different words for the same food in different Hispanic countries. I'll just have steak and french fries or a hamburguer."
3. "Sitting and talking after eating is not my idea of a good time. I'm too busy to waste time like that."
4. "They buy herbal remedies in the marketplace? That's not very safe. Don't they have doctors?"

II VOCABULARIO Y LECTURA

A. Encuesta de preferencias alimenticias. Completa la siguiente encuesta sobre preferencias alimenticias. Escribe tus datos personales con nombres, apellidos, direcciones y fechas a la manera hispana. Agrega comentarios cuando puedas y usa muchas palabras y expresiones aprendidas en esta unidad.

ENCUESTA DE PREFERENCIAS ALIMENTICIAS

Departamento de Nutición Estudiantil: Servicio de cafeterías

I. DATOS PERSONALES

Nombre: ____
Nombre de pila *apellido paterno* *apellido materno*

Edad: ______ Sexo: ______ Estado civil: S C D Ocupación: ______________

Año de estudios: ❑ primer año ❑ tercer año ❑ quinto o más
❑ segundo año ❑ cuarto año

Lugar donde come los días que tiene clase:

❑ en la universidad ❑ en el área universitaria ❑ otras áreas

Domicilio: ____

calle nº piso código postal *ciudad* *estado* *país*

¿Cuántas veces se ha cambiado de cafetería/ restaurante y por qué (más rico, más barato, más cerca)?

____

II. Preferencias alimenticias. Favor de indicar, específicamente...

En un día normal, cantidad de comidas que come en:

_____ el campus _____ el área _____ otro lugar

Comida más frecuente durante los días de clase (marque una):

desayuno almuerzo merienda o té cena

Alimentos más frecuentes en una comida típica (dar al menos dos preferencias de cada grupo):

harinas o carbohidratos ______________________

verduras ______________________

proteínas animales ______________________

proteínas vegetales ______________________

grasas animales ______________________

grasas vegetales ______________________

frutas ______________________

antojitos ______________________

productos lácteos (de la leche) ______________________

bebidas carbonatadas ______________________

bebidas no-carbonatadas ______________________

vino, cerveza o chicha ______________________

otras bebidas ______________________

Al venir a desayunar, indique qué prefiere que hayamos preparado.

____

¿Qué elige de desayuno si ofrecemos sándwich de queso caliente, cereal o huevos con jamón?

____

Al venir a almorzar, indique qué prefiere que hayamos preparado.

____

¿Qué elige de almuerzo si ofrecemos pizza, sopa de guisantes o pescado frito?

____

Al venir a cenar, indique qué prefiere que hayamos preparado.

____

¿Qué elige de cena si ofrecemos cochinillo asado con papas, pescado a la vasca, pollo con vegetales hervidos?

____

¿Qué elige de merienda/ té si ofrecemos tarta de manzana, pizza, panecillos con mermelada?

____

III. Relaciones a la hora de comida

En una semana normal, ¿cuántas veces come:

_____ solo(a) _____ acompañado(a) _____ con familiares?

En una comida normal, ¿cuántos minutos está en la mesa, comiendo

_____ solo(a) _____ acompañado(a) _____ con familiares?

En una comida normal, ¿cuántos minutos hace tareas

_____ solo(a) _____ acompañado(a) _____ con familiares?

En una comida normal, ¿cuántos minutos mira la tele

_____ solo(a) _____ acompañado(a) _____ con familiares?

Número de personas con quien vive: _____ en el mismo apartamento/ casa

_____ en el mismo cuarto

IV. Cambios que desea hacer (dar respuestas específicas, por favor)

Cambios que espera que hayan hecho para el próximo año:

____

Aspectos que desea mejorar (música, selección, menos ruido):

____

Comida específica (merienda, cena) que desea que haya cambiado para el próximo año:

____

Alimentos específicos que desea que hayan cambiado para el próximo año:

______

¿De qué manera (método de preparación, frescura de los ingredientes, porciones más abundantes)?

______

Platos específicos que desea que hayan cambiado para el próximo año:

______

¿De qué manera (método de preparación, frescura de los ingredientes, porciones más abundantes)?

______

¿Cuál es el plato más importante/ rico para Ud. y qué cambios debemos hacer para hacerlo más rico?

______

B. A precio módico. Completa los siguientes antojitos con el modo de preparación u otro acompañamiento y la bebida o postre de tu preferencia. También da el precio aproximado en tu área.

1. una hamburguesa, papitas ______

______.

2. unos pedazos de pollo ______

______.

3. un taco de ______

______.

4. una papa ______

______.

5. sopa de ______

______.

6. helado de ______ con ______

______.

C. Amigos sabrosos. Completa lo siguiente para identificar un plato muy rico que preparan tres de tus amigos. Indica el modo de preparación y otros detalles importantes.

1. ______________________ siempre sirve ______________________,

______________________ y ______________________.

2. ______________________ siempre hace ______________________,

______________________ y ______________________.

3. ______________________ siempre nos da ______________________,

______________________ y ______________________.

D. Lectura. Usa las estrategias y el vocabulario de esta unidad para leer el siguiente fragmento. En seguida, contesta las preguntas que siguen a la lectura.

CUIDADO CON LAS ADICCIONES ALIMENTICIAS

No comemos con la boca, sino con el cerebro. Absolutamente todo lo que comemos está dictado por la química cerebral, que decide qué tenemos que comer, cuándo, en qué cantidad y a qué velocidad, de acuerdo a un cuidadoso registro llevado por muchos años. Es que la química cerebral de hormonas y otras sustancias neuronales no sólo determina el estado de ánimo de una persona sino que, cuando hay necesidad, también provoca grandes deseos de comer un antojito o tomarse una taza de café para modificar la situación. Además, la mayoría de los productos alimenticios naturales y manufacturados contienen pequeñas cantidades de sustancias que pueden generar sensaciones agradables en el cerebro, muy similares a los efectos de las drogas. El pan, las frutas, el vino, la cerveza, los huevos—todos le mandan un mensaje al cerebro.

Esta mañana, estas peculiares drogas se nos presentaron ya en el desayuno, ocultas en la leche, el café, el té, el azúcar, las tostadas y la mermelada. Más tarde, otras sustancias de la carne y el pescado, la cerveza, los refrescos y el chocolate también le van a decir algo al cerebro. Para cada comida y con cada alimento, el cerebro ha tomado nota y mañana va a recordar las sensaciones agradables de hoy y va a querer repetirlas sin interrupción, mañana y todos los días.

Por ejemplo, si esta mañana Ud. ha consumido azúcar, el cerebro sintetiza serotonina, un neurotransmisor que lo hizo sentirse bien. Si tenía frío y también ha tomado cacao o cocoa, aparecieron otras moléculas, una de las cuales es la molécula del amor, que alegró su espíritu y lo inundó de bienestar, al punto de haberse olvidado de su prueba de cálculo. ¡Y ojalá que no haya tomado cacao con leche y azúcar, porque entonces su pobre cerebro puede volverse loco con estas deliciosas sensaciones de la mañana!

Durante el día, la cafeína, la agradable sensación que deja la grasa en la boca, el placer del azúcar y otras sustancias parecidas van a condicionar nuestro deseo de más sensaciones exquisitas. Gracias a estas series de reacciones químicas, podemos haber formado hábitos alimenticios que no siempre son los mejores. Esperamos que Ud. no haya desarrollado un mal hábito ya.

Información tomada de "¡Atención: alimentos que enganchan!" por Alejandro F. Cora. ***Muy interesante***. Año XIII, 8, enero de 1996, págs. 54-56, 58.

1. ¿Por qué se dice que comemos con el cerebro y no con la boca?

____

2. ¿Por qué, de repente, te pueden dar deseos de comerte un antojito?

____

3. ¿Por qué no se pueden evitar las "drogas" contenidas en los alimentos?

____

4. ¿Por qué puedes olvidarte de una prueba importante?

____

5. ¿Por qué es fácil ponerse adicto a ciertos alimentos o bebidas?

____

6. ¿A qué alimentos eres adicto(a) tú? ¿Por qué?

____

III GRAMÁTICA

A. Precisión. Completa lo siguiente con la forma apropiada del tiempo imperfecto, pretérito o presente perfecto, según el contexto. Usa los pronombres cuando necesario.

Una vez, cuando nosotros (**1.** estar) __________ en México, (**2.** ir) __________ al mercado de Guadalajara para conocerlo. ¡Qué mundo espectacular de colores, aromas, gente y pregones (**3.** haber) __________ allí! Las vendedoras (**4.** querer) __________ vendernos de todo, desde mangos y naranjas hasta frijoles y garbanzos secos para el invierno. ¡Nunca (**5.** ver) __________ tanta variedad de productos en toda mi vida! Después de (**6.** haber mirar) __________ por todas partes, (**7.** tener) __________ hambre y buscamos un pequeño puesto para almorzar. "Espero que (**8.** haber hecho) __________ sopa de pescado hoy, señora", le dije a la propietaria del puesto, "porque hace muchos años que no (**9.** comerla) __________". ¡Qué rica (**10.** estar) __________ la sopa! Mi hijo (**11.** pedir) __________ chiles rellenos, pero después no (**12.** quererlos) __________ porque (**13.** estar) __________ picantes. Entonces, mi marido (**14.** comérselos) __________ y mi hijo (**15.** pedirle) __________ a la señora unos chiles en nogada. En fin, a las cuatro de la tarde, regresamos al hotel, cansadísimos pero muy satisfechos, después de la visita a ese mundo multicolor.

B. Cortesía antes de nada. ¿Qué les puedes contestar a tus amigos(as) después que te digan lo siguiente?

1. —Dejé el sartén eléctrico conectado

—Espero que no ______________________________.

2. —Me olvidé de comprar pescado para la sopa.

—Espero que ______________________________.

3. —No creo que tenga huevos para la mayonesa.

—No importa, yo he ______________________________.

4. —¡Ay!, creo que he quemado el puré de papas.

—No, no creo que ______________________________.

5. —Mira, te hice mi mejor especialidad peruana.

—Gracias por ______________________________.

6. —No viniste a mi cena mexicana.

—Siento ______________________________.

C. Para averiguarlo todo. Pregúntale a un/a amigo(a) si él o ella ha hecho lo siguiente. Usa el tiempo presente perfecto y la expresión de frecuencia apropiada.

1. ¿descubrir una manera rápida de hacer el almuerzo?

____

2. ¿traer un dulce o comida hispana a clase?

____

3. ¿hacer una reservación para un grupo grande?

____

4. ¿comer muchos platos diferentes este mes?

____

5. ¿freír papas en tu propia cocina?

____

6. ¿resolver comer comida más nutritiva?

____

7. ¿poner un telegrama a un país hispano?

____

8. ¿romper algo caro de cristal o de porcelana?

____

D. Buen editor. En cada paréntesis, marca la palabra correcta para que **1**) el fragmento tenga sentido según el contexto general, **2**) las formas de pasado correspondan a descripciones (imperfecto), narraciones (pretérito), resumen (presente perfecto), o deseos o duda acerca de lo que haya pasado (presente perfecto de subjuntivo), y **3**) los pronombres directos e indirectos estén usados en el orden correcto y además concuerden en género y número con los sustantivos que reemplazan.

Cuando el científico francés Louis Pasteur (**1.** fue/ eres/ era) decano de la Facultad de Ciencias de Lille, un fabricante de alcohol industrial le (**2.** contó/ contaba/ contaron) que, en algunos de sus barriles, el jugo de remolacha azucarera (***sugar beet***) no se convertía en alcohol sino en vinagre. Pasteur estudió los microorganismos del líquido, supo inmediatamente lo que pasaba y (**3.** lo/ se/ le) dijo al fabricante: "No creo que Uds. (**4.** han limpiado/ limpió/ hayan limpiado) muy bien todos los barriles, porque tienen microbios que pueden multiplicarse y arruinar todo el jugo. Es necesario (**5.** hierva/ hiervo/ hervirlo) a 60°C para evitar que se convierta en vinagre". Así (**6.** inventaba/ inventó/ haya inventado) Pasteur el proceso de la pasteurización. Ahora la tecnología de los alimentos (**7.** avanzó/ avanzan/ ha avanzado) muchísimo y tenemos al menos tres procesos distintos: hervir la leche a 60°C por 30 minutos para que dure de dos a tres días o (**8.** hervirla/ hervírsela/ haber hervido) a 70°C por 15 segundos para que dure de cuatro a cinco días o (**9.** pasteurizárselo/ pasteurizarla/ pasteurización) a una temperatura muy alta de 150°C por sólo 1 segundo. Este último método se llama uperización o UHT y, con él, la leche dura de cuatro a cinco meses. En Estados Unidos, existe la leche (**10.** uperización/ uperizada/ uperizado) pero no es tan popular como en el mundo hispánico; la gente prefiere (**11.** comprarle/ comprárselo/ comprársela) pasteurizada y homogeneizada porque así dura una semana en la refrigeradora, más o menos.

IV EXPRESIÓN ORAL

Prepara siete posibles preguntas y respuestas para una de las siguientes situaciones. Luego, usa las preguntas para conversar con tu compañero(a).

- Una conversación con un vendedor en el mercado de una ciudad hispana.
- Una entrevista de trabajo en un prestigioso restaurante hispano. Quieres ser chef del restaurante.
- Un programa de TV en el campus: entrevista a un/a alumno(a) universitario(a) para descubrir sus preferencias alimenticias.

V EXPRESIÓN ESCRITA

Elige uno de los siguientes temas y desarróllalo en español.

- Escribe una descripción completa de un plato o un menú que te guste muchísimo. Incluye detalles sobre la preparación, la presentación, otras comidas que se pueden servir con él y las bebidas o el pan o acompañamiento que se sirven con tu plato preferido. Incluye la receta y cualquier otra cosa que ayude a preparlo a la perfección y también menciona las ocasiones en que se sirve tradicionalmente.

- Escríbele una carta a alguien para agradecerle un favor muy especial que te haya hecho o una oportunidad muy buena que te haya dado. Explica bien por qué era tan importante el favor o la oportunidad para ti y cómo esto te hizo cambiar de perspectiva o de opinión. Da muchísimos detalles para indicarle a esta persona lo importante que fue la experiencia para ti.

Autoevaluación

Unidad 6

Metas cumplidas

En la Unidad 6, aumentaste tu capacidad para hablar de tus cosas. Aprendiste a dar detalles sobre la ropa y los complementos, a explicar qué es lo que buscas en la tienda y a expresar tus deseos de que otros hagan algo con un fin específico. También aprendiste a hacer preguntas sobre las preferencias de la gente con respecto a...

la ropa	**Está... gastado, suelto, a la moda**	¿**Está planchada** tu camisa azul?
	Es... de algodón, lino, poliéster	¿**De qué** es la chaqueta?
	repaso de **ser** y **estar**	¿Por qué **está manchada** la blusa?
	ponerse, probarse, llevar+prenda	¿Qué **me puedo poner** hoy?
indicar cosas específicas	adjetivos demostrativos **este(a), ese(a), aquel(la)**	¿De qué talla es **aquella blusa** verde?
quejarte de la ropa	**estar** + adjetivo	¿Qué tiene la prenda? ¿**Está rota**?
devolver la ropa	**me queda** + adjetivo	Es su talla; ¿**por qué le queda corta**?
pedir que otros hagan algo	**querer** + presente de subjuntivo	¿Qué **quieres que te devuelva**?
indicar el objetivo de tus acciones	**para que** + presente del subjuntivo	¿**Para qué lo llevaste** al taller? **Para que lo transformen** en falda.
describir lo que buscas	**busco** + prenda + presente del subjuntivo	¿Tiene **una bolsa que haga** juego?
y lo que no encuentras	**no hay nada/ nadie que** + subjuntivo	¿Hay **alguien que pueda** teñirlo?

También aprendiste sobre...

la gracia latina y la ropa apropiada en el mundo hispano	**elegante; está de moda/ está pasado de moda**; se necesita señorita **de buena presencia**
qué se hace con la ropa vieja en el mundo hispano	**Ojalá me la puedan teñir, cortar, reparar.**
cómo se compra la ropa en el mundo hispano	Quisiera un traje **que tenga** varios bolsillos.

PRUEBA

Las siguentes actividades te servirán para organizarte e integrar lo que has aprendido en la Unidad 6. Las actividades ponen a prueba tus conocimientos y tu uso de estrategias, pero no representan exactamente el énfasis o la dirección seguida por tu programa o por tu profesor/a.

I CULTURA

Elige dos de los siguientes comentarios y, en inglés, prepara una explicación para una persona que no sabe nada de las diferencias culturales. Trata de explicar las cosas de manera que no produzcas una reacción negativa en la persona que te escucha. Es importante darle la idea de que debe respetar y tratar de entender a las gentes del mundo.

1. "I wonder why Hispanics pay so much attention to clothes. It would have never occurred to me that different kinds of jackets or suits would impact on your perception of a person."

2. "There's absolutely no way I can learn all these different words for the same clothes in different Hispanic countries. After all, the only words I need are *jeans* and **camiseta**."

3 "If something is old or out of fashion it gets thrown away in this house. Why would you want to go through all the trouble and expense of "recycling" it? I don't understand Hispanics who do that."

II VOCABULARIO Y LECTRURA

A. Encuesta de preferencias en el vestir. Completa la siguiente encuesta sobre preferencias de ropa y complementos. Escribe tus datos personales con nombres, apellidos, direcciones y fechas a la manera hispana. Agrega comentarios cuando puedas y usa muchas palabras y expresiones aprendidas en esta unidad.

ESCUELA DE DISEÑO DE MODA
y
Gran Tienda "Sangre Joven"

Completa esta encuesta y participe en la rifa (*raffle*) de cinco abrigos de piel finísimos. Devuelva la encuesta en el Centro de Estudiantes de Diseño, donde le vamos a dar su cupón para la rifa.

I. DATOS PERSONALES

Nombre: ____
Nombre de pila *apellido paterno* *apellido materno*

Edad: ______ Sexo: ______ Estado civil: S C D Ocupación: ________________

Año de estudios: ❏ primer año ❏ tercer año ❏ quinto o más
❏ segundo año ❏ cuarto año

Domicilio: ____
calle nº piso código postal *ciudad* *estado* *país*

Describa su "uniforme" de estudiante. Incluya los complementos y el calzado y las telas, por favor.

____

____

Describa su "uniforme" de hacer ejercicio. Incluya los complementos, los zapatos y las telas, por favor.

____

Describa su "camisa de Margarita", por favor. ¿Por qué la considera su "camisa de Margarita"?

____

II. GUSTOS EN EL VESTIR. Favor de indicar, especificamente...

Cuántas veces se cambia de ropa al día: ____El cambio es
❏ de formal a casual ❏ de casual a formal

¿Por qué se cambia? ❏ para estar más cómodo ❏ para ir a trabajar
❏ para hacer ejercicio o correr

Si anda con su "uniforme" y decide ir al cine, ¿qué se cambia? ______________

Si anda con su "uniforme" y va a cenar con su pareja en el campus, ¿qué se cambia?

____

En un día de semana, si va a almorzar o cenar fuera del campus, ¿qué se pone?
❏ mejor camisa ❏ mejores jeans ❏ mejores zapatos ❏ un complemento
❏ traje ❏ vestido ❏ falda y blusa ❏ joyas

En el fin de semana, si va a almorzar o cenar fuera del campus, ¿qué se pone?
❏ mejor camisa ❏ mejores pantalones ❏ mejores zapatos
❏ un complemento ❏ traje ❏ vestido
❏ falda y blusa ❏ joyas

Describa la ropa que le queda mejor que ninguna.

____

Describa la tenida de salir que le queda mejor que ninguna.

____

Mire su guardarropa e indique qué tela y qué materiales prefiere.

____

Dé al menos una preferencia de marca o de almacén cuando compra los siguientes artículos:

calzado: ______________ zapatillas deportivas: ______________

blue jeans: ______________ ropa de diario: ______________

camisetas: ______________ cinturones, bolsas: ______________

camisas: ______________ blusas: ______________

ropa de salir: ______________ chaquetas deportivas: ______________

III. VALORES. Indique qué ropa o complementos le prestan sus amigos y cuándo.

1. ______________ siempre me presta ______________

   para ir a ______________.

2. ______________ siempre me presta ______________

   para ir a ______________.

Dé el nombre de la prenda y las características (telas, materiales) de los artículos de vestir más caros que posea.

joyas ______________

vestido ______________

chaquetas ______________

zapatos ______________

ropa de esquí ______________

complementos ______________

B. Asociaciones. Da al menos dos términos asociados con los siguientes o escribe varias frases en que uses las siguientes palabras. Usa otra hoja de papel.

1. inarrugable	**5.** mangas	**9.** cuero	**13.** tiene que probarse
2. cremallera	**6.** satinado	**10.** morado	**14.** se ve bien
3. taller	**7.** mojada	**11.** mucho frío	**15.** siempre llevo...
4. pana	**8.** finísimo	**12.** gorra	**16.** tirar o regalar

C. Guardarropas. Usa otra hoja de papel para describir tres prendas de tres de los siguientes guardarropas.

1. de una señora millonaria
2. de un artista pobre del Canadá
3. de una astronauta
4. del presidente de los EE. UU.
5. de la hijita de una artista de cine
6. de un jugador de fútbol o béisbol que conoces

D. Por favor, basta. Haz una lista de cinco o seis prendas y artículos de vestir que no te gustan o de los cuales tienes suficientes ya. Luego, escribe un párrafo en que explicas qué no quieres comprar ni recibir de regalo.

Por ejemplo: Espero que para mi cumpleaños nadie me dé... porque...
Además,...

E. Lectura. Usa las estrategias y el vocabulario de esta unidad para leer el siguiente fragmento. En seguida, contesta las preguntas que siguen a la lectura.

¿ROPA INTELIGENTE?

¿Ropa inteligente? ¿Por qué no? No es que el algodón, la lana, la seda y otras fibras naturales ya hayan perdido mucho terreno ante las fibras artificiales. Tampoco es que sea mejor el rayón, que es celulosa modificada, que el nilón, que es un producto químico sintético puro. En el futuro, para que una prenda sea cómoda y hermosa, tendrá que ser hecha de telas que literalmente nos hagan sentir cómodos y que se adapten a las condiciones del medio ambiente (*environment*).

Pantalones que repelen insectos, prendas que cambian de color con la temperatura y la luz, camisas que protegen de los rayos ultravioleta, corbatas que detectan energía, sacos a prueba de (*...proof*) agua, fuego y balas, telas que se calientan cuando hace frío, vestidos con memoria que se planchan solos, trajes más resistentes que el acero. La verdad es que en muchos laboratorios del mundo ya ha nacido la ropa del futuro.

Así es que ya lo sabes: si buscas una camiseta que se enfríe con el calor y se caliente con el frío, espera un poco y ya vas a ver en los catálogos algunas «camisetas piltérmicas». Para que puedan mantenerte siempre cómodo, las telas reciben un baño de polietilenglicol, una sustancia que se solidifica a bajas temperaturas y emite calor. Por el contrario, cuando hace mucho calor, el polietilenglicol se evapora.

Otra novedad viene de Australia, donde un científico descubrió una sustancia que protege del sol mejor que lo que pueda protegerte una loción bronceadora. Esta sustancia se pone en las telas para que protejan a los australianos de los fuertes rayos solares del desierto. Pero la fibra que va a cambiar nuestro concepto de tela seguramente será el «relax», una fibra terapéutica que es posible que pueda aliviar desde un dolor de cabeza hasta el dolor muscular. El principio es muy sencillo: en una fibra de poliéster se inserta un filamento sintético de carbono que tenga la propiedad de rechazar la estática que es tan común en las telas sintéticas. Entonces, la tela se carga negativamente y produce una agradable sensación relajante. «Quiero ir a trabajar con mi pijama terapéutico», va a decir la gente en el futuro.

Si no me crees y piensas que son especulaciones futuristas, pregúntale a un astronauta. El ya ha usado prendas piltérmicas y de relax.

Información tomada de: "La ropa inteligente" por Omar R. Goncebat. Conozca más. Edición Chile. Año 5, 9, septiembre de 1994, págs. 52-56

1. De qué trata este artículo, ¿de las telas artificiales o las naturales?

____

____

2. ¿Qué ejemplos de prendas de ropa del futuro te parecen más útiles?

____

____

3. De las prendas dadas como ejemplo, ¿qué ropa buscas tú?

____

____

4. ¿Quiénes han usado ya las telas del futuro? ¿Por qué las necesitan ahora mismo?

____

____

5. ¿Qué otro tipo de tela o de prenda no mencionado en el artículo buscas tú?

____

____

6. Entonces, según el artículo, ¿qué características tiene una tela o una prenda inteligente?

____

____

III GRAMÁTICA

A. Precisión. Usa formas de subjuntivo de los verbos en paréntesis para completar el siguiente párrafo. Acuérdate de usar los pronombres necesarios en el lugar correcto cuando sea necesario.

El caos ha llegado a tal punto en nuestra casa que vamos a tener que tomar medidas drásticas para aliviar la situación. En primer lugar, es necesario que nosotros (**1.** sacar) ________________ toda la ropa que está tirada en la lavandería porque está descolorida, vieja o perdida para que (**2.** organizarse) ________________ mejor y (**3.** tener) ________________ más espacio libre. También espero que Marcelo (**4.** llevar) ________________ algunas cajas de ropa de talla pequeña al Ejército de Salvación. No hay nadie más aquí que (**5.** saber) ________________ dónde está esa institución caritativa. Es muy posible que (**6.** haber) ________________ algún estudiante bajo y delgado que (**7.** poder) ________________ usar la ropa que ya nos queda chica a nosotros. Además de limpiar la lavandería, hay que recoger todas las prendas que (**8.** estar) ________________ tiradas en otras habitaciones o que (**9.** deber) ________________ llevar a la tintorería.

B. Cortesía antes de nada. ¿Qué les puedes contestar a tus amigos(as) después que te digan lo siguiente?

1. —Mira mi camisa verde eléctrico; ¿te gusta? —¡Ay! No hay nadie que

____.

2. —Me olvidé de planchar este vestido de algodón. —Espero que

____.

3. —Parece que no hay tallas más grandes aquí. —Así es; no creo que

____.

4. —¡Ay!, creo que he quemado mi corbata de seda. —No, no creo que

____.

5. —No tengo ganas de cortar estos pantalones. —Córtalos para que

____.

6. —¿Por qué no te compras esta pulsera de plástico? —Es que no quiero que ______________________________.

C. Para encontrar lo que quieres. Pregúntale a un vendedor si tienen los siguientes artículos. Descríbelos usando el subjuntivo.

1. ¿una blusa transparente, satinada y barata?

____

2. ¿un saco de caballero de terciopelo negro?

____

3. ¿pantalones con muchos bolsillos y cremalleras?

____

4. ¿una cartera de caballero de cuero de napa?

____

5. ¿un impermeable reversible bien terminado?

____

6. ¿un saco con ojales hechos a mano?

D. Me importa la ropa. Completa estas frases con tus propias ideas.

1. Debes ir a la modista, si quieres que ______________________________

____.

2. ¡Qué aroma tan exquisito! No creo que ______________________________.

____.

3. Como es una ceremonia importante, busco un traje que ______________

____.

4. No creo que mis padres conozcan un diseñador que ______________

____.

5. Los supervisores van a pedir los uniformes. Espero que no nos

____.

E. Buen editor. En cada paréntesis, marca la palabra correcta para que **1**) el fragmento tenga sentido según el contexto general, **2**) las formas de indicativo correspondan a afirmaciones sobre gente, cosas y prendas de ropa, **3**) las formas de presente perfecto de subjuntivo correspondan a negaciones absolutas, referencias al objecto de una acción, expresiones de duda/ deseos de que suceda algo o de lo que tú quieres que haga otra gente, y **4**) los adjetivos demonstrativos sean usados según la distancia relativa.

¡Ay, Dios! No tengo nada que (**1.** ponga/ poner/ ponerme) para que el supervisor que me va a (**2.** entrevistar/ dar/ entreviste) en (**3.** esa/ ese/ aquel) industria textil me (**4.** da/ dé/ doy) el trabajo que necesito tanto. Me han aconsejado que (**5.** lleve/ llevar/ llevo) un traje azul oscuro para (**6.** inspiraba/ inspiró/ inspirar) respeto y que (**7.** debe elegir/ elija/ han elegido) muy bien los complementos para (**8.** esta/ se la está/ esas) reunión para (**9.** verlo/ veo/ verme) bien, elegante y estupenda. Creo que es mejor que (**10.** me ponga/ ponerme/ de poner) mi traje de crepé de lana negro con una blusa de color gris perla, aretes de perla y mi anillo nuevo.

IV EXPRESIÓN ORAL

Prepara siete posibles preguntas y repuestas para una de las siguientes situaciones. Luego, usa las preguntas para conversar con tu compañero(a).

1. Una conversación con un vendedor de una gran tienda. Te interesa saber qué está de moda y qué telas o materiales son las más comunes en este momento.

2. Una entrevista de trabajo para un puesto en una gran cadena de distribución de ropa. Te interesa el puesto de sub-gerente de ventas o de ***marketing*** de la expansión hacia los territorios del *NAFTA*. Es muy importante conocer bien las preferencias de los clientes hispanos.

3. Un programa de TV en el que entrevistas a un/a famoso(a) diseñador/a hispano(a) que quiere iniciar una revolución en el mundo de la moda.

V EXPRESIÓN ESCRITA

Elige *uno* de las siguientes temas y desarróllalo en español.

1. Escribe una descripción completa de un traje o un conjunto para la sección de moda de una revista. Incluye las telas, materiales y complementos y también describe cómo y cuándo se puede llevar esta ropa. Exagera un poquito y di que no hay nada como este conjunto, usando el subjuntivo. Puede ser un conjunto o traje común y corriente o algo extraordinario, nunca visto antes.

2. Escribe una carta para poder devolver algo que hayas comprado por correo. Incluye una buena explicación o descripción de por qué quieres devolver la prenda. Dale las gracias al encargado por devolverte el dinero.

Autoevaluación

Unidad 7

Metas cumplidas

En la Unidad 7, aumentaste tu capacidad para hablar de la salud y el bienestar. Aprendiste a dar detalles sobre tus dolores y malestares, a explicar qué haces para cuidarte y a expresar tus deseos de que otros hagan algo para llevar una vida más sana. También aprendiste a hacer preguntas sobre la salud de la gente con respecto a...

los dolores y las quejas	**Me duele(n)** + partes del cuerpo	¿**Dónde/Qué te duele**?
	Tengo... + enfermedad, molestia	¿Qué **tienes**? ¿**Tienes** tos/ fiebre?
las alergias	**Soy alérgico(a) a...**	¿A qué eres alérgico?
la salud y el bienestar	**importarle, molestarle, dolerle**	¿**Le molestan** los ojos?
darle consejos a un amigo	órdenes informales y el a subjuntivo para expresar órdenes informales negativas	¿No es mejor que **te acuestes y que tomes** mucho líquido?
o a otra persona	el subjuntivo para las órdenes formales	¿Y no le dijo: "**Evite** el frío"?
expresar tus sentimientos y opiniones	**Siento que/ Me alegro que/ Dudo que...** + presente del subjuntivo	¿Y el médico **duda que tenga** cáncer de la piel?

También aprendiste sobre . . .

cómo se comunican los hispanos	los gestos más típicos **"Es muy tacaño."**
cómo es la vida de algunos hispanos ancianos	la tercera edad y la longevidad
qué dicen algunos hispanos de ciertos avances científicos	las medicinas tradicionales y la moderna
qué remedios tradicionales se usan en el mundo hispano	hierbas (**menta, manzanilla**), homeopatía, curas

PRUEBA

Las siguientes actividades te servirán para organizarte e integrar lo que has aprendido en la Unidad 7. Las actividades ponen a prueba tus conocimientos y tu uso de estrategias, pero no representan exactamente el énfasis elegido o la dirección seguida por tu programa o por tu profesor/a.

I CULTURA

Elige dos de los siguientes comentarios y, en inglés, prepara una explicación para una persona que no sabe nada de las diferencias culturales. Trata de explicar las cosas de manera que no produzcas una reacción negativa en la persona que te escucha. Es importane darle la idea de que debe respetar y tratar de entender a las gentes del mundo.

1. "These people are so uneducated and simple. They think some withered, dusty plants can cure diseases that can be really serious if not treated properly".
2. "I think these people drink too much. They are always hanging around bars and no one educates them on the dangers of drunk driving and addiction".
3. "Most Hispanics follow Indian practices when it comes the time to look for treatment".

II VOCABULARIO Y LECTURA

A. Encuesta de necesidades de atención de salud. Completa la siguiente encuesta sobre preferencias alimenticias. Escribe tus datos personales con nombres, apellidos, direcciones y fechas a la manera hispana. Agrega comentarios cuando puedas y usa muchas palabras y expresiones aprendidas en esta unidad.

ESCUELA DE SALUD PÚBLICA

Encuesta sobre las necesidades y prácticas de salud de los universitarios

Por favor, ayude a sus compañeros de Salud Pública que están interesados en mejorar los servicios de atención médica en la universidad. Devuelva la encuesta en el Centro de Estudiantes de Ciencias Médicas, donde le vamos a dar una copia de la Pirámide alimenticia del joven estresado.

I. DATOS PERSONALES

Nombre: ____

Nombre de pila *apellido paterno* *apellido materno*

Edad: ______ Sexo: ______ Estado civil: S C D Ocupación: ______________

Año de estudios: ❑ primer año ❑ tercer año ❑ quinto o más
❑ segundo año ❑ cuarto año

Domicilio: ____
calle nº piso código postal ciudad estado país

Desviación de tu reloj interno respecto al reloj oficial: – ______ horas + ______ horas

Efectos de la desviación: ❑ cansancio ❑ insomnio ❑ irritabilidad
❑ sed ❑ hambre ❑ ansiedad
❑ mucha energía cuando otros quieren dormir
❑ exasperación cuando otras personas quieren acostarse
❑ malas notas

II. NECESIDADES DE ATENCIÓN MÉDICA MÁS COMUNES

Generalmente, la gente tiene enfermedades o molestias que tienden a repetirse. Indica qué te duele(n) o molesta(n) más frecuentemente cuando te enfermas.

__ el pecho __ las piernas y las rodillas __ la cabeza
__ la cara __ la garganta __ el estómago
__ los brazos y los hombros __ los oídos __ el abdomen
__ los ojos

Indica cuántas veces al año sufres de lo siguiente:

__ infección intestinal por alimentos contaminados __ mononucleosis __ sinusitis
__ bronquitis __ otras infecciones __ resfrío común __ gripe o influenza
__ laringitis __ congestión

Indica qué tenías cuando fuiste al servicio médico la última vez.

____

____

Indica qué tenías cuando estuviste en el hospital la última vez.

____

____

Indica qué problema o afección tienes que no puede ser atendido en el servicio de la universidad.

____

____

III. INSTALACIONES Y EQUIPOS

Indica tus preferencias en cuanto a instalaciones o equipos que te gustaría tener en la universidad.

Quieres que la universidad tenga en los edificios grandes:

- ❑ salas de descanso
- ❑ salas de lectura
- ❑ salas con programas interactivos
- ❑ piscina de ejercicios acuáticos
- ❑ salas de ejercicio contra "los dolores de la computadora"
- ❑ salas de recreación
- ❑ sala de terapia y masajes

Indica qué tipo de ejercicio es mejor para ti.

- ❑ con máquinas
- ❑ gimnasia en la piscina
- ❑ correr o trotar
- ❑ deportes al aire libre
- ❑ gimnasia aeróbica
- ❑ otro ______________________________

Indica qué vacunas te gustaría ponerte gratis.

____

____

Indica qué remedios te gustaría recibir gratis.

____

____

B. ¿Qué pasó? Lee las siguientes frases con modismos. Luego, escribe **Bien** o **Mal** según cómo resultó cada situación.

1. __________ Estaba contentísimo porque Alina me dijo que me iban a contratar, pero me estaba tomando el pelo.
2. __________ Me compró una torta de naranja porque la vi y se me hizo agua la boca.
3. __________ Ese día me levanté con el pie derecho. No estudié nada pero me saqué una A.
4. __________ No pude regalarle un anillo caro porque valen un ojo de la cara.
5. __________ Es una lástima pero la hermana de mi novia habla hasta por los codos y no pudimos conversar nada.

C. Asociaciones. Da al menos dos términos asociados con los siguientes o escribe varias frases en que uses las siguientes palabras. Usa otra hoja de papel.

1. riñones
2. hígado
3. caries
4. fractura
5. cejas
6. muñecas
7. orejas
8. ataque
9. cortadura
10. yeso
11 me pica
12. ronchas
13. ponte más ropa
14. deja de fumar
15. no comas tanta grasa
16. toma manzanilla

D. Botiquín. Da al menos dos remedios para cada una de las siguientes molestias.

1. la garganta inflamada
2. una lastimadura en la rodilla
3. fiebre alta
4. mucha tos y dolor de pecho
5. una infección intestinal
6. alergia a las picaduras de hormiga o abeja

E. Puedo hacer un gesto. Según el contexto, completa las siguientes frases con verbos de acciones como **abrir, cerrar, tapar(se), ponerse, estirarse, arrugarse, mover, apuntar**, etc. Sigue el ejemplo.

Por ejemplo: Espero que no me pregunten nada personal. Si no, es mejor que... cierre bien la boca.

1. Espero que la película no sea de terror. Si no, es mejor que...

____

2. Espero que la enfermera entienda mi descripción en español. Si no, es mejor que...

____

3. Espero que mis amigos no estén enfadados conmigo. Si no, es mejor que...

____

4. Espero que ellos vean que les estoy cerrando un ojo. Si no, es mejor que...

____

F. Lectura. Usa las estrategias y el vocabulario de esta unidad para leer el siguiente fragmento. En seguida, contesta las preguntas que siguen a la lectura.

Cómo acabar con el dolor: Confesiones de un joven como tú

Acabar con el dolor. Es lo que quiere toda persona que sufre de dolores artríticos, migrañas o jaquecas o dolores a la columna vertebral. No pueden dormir ni pensar y, a veces, ni caminar ni conducir. Llevan vidas miserables y a menudo tienen también profundas depresiones porque no pueden divertirse ni funcionar normalmente. Yo tengo sólo 22 años y hace seis años que sufro de fuertes dolores de cabeza y de un oído a causa de un accidente deportivo. Nada ni nadie me ha podido curar. Hay médicos que me han dado analgésicos tan fuertes que he dormido dos días seguidos, ¡imagínate! Pero ya me di cuenta que mi dolor no es para píldoras del doctor.

Hay otros remedios que me han hecho sentir mejor. Al menos para dormir más normalmente cuando tengo exámenes finales o alguna obligación importante que cumplir en mi trabajo. Por ejemplo, si tienes un dolor de cabeza que te mata, toma una infusión grande de valeriana, menta, manzanilla y dos cápsulas de "feverfew" (no tengo idea cómo se dice en español; pregúntaselo a un médico hispano). Relájate, tápate los oídos con un algodón, deja de fumar o de beber, no hagas ejercicios violentos y estudia en un lugar tranquilo por unas tres o cuatro horas. Es el mejor remedio. Por lo menos por una noche, porque fíjate que mi dolor siempre vuelve y nunca me deja. Es mi hermano, como dice mi mamá.

Otra cosa es que uno debe aprender a vivir con el dolor. Aislado y encerrado, sin ver a mis amigos, sin caminar por la calle, me siento peor. Hay días en que me duelen el cuello y la garganta también. Mejor, sal y diviértete un poco y olvídate del dolor por unas horas. Sin embargo, ¡cuidado!, no sueñes como soñaba yo al principio, que el dolor se iba a acabar algún día, porque no será así. En vez de eso, ¡alégrate de estar sano (aunque con dolor crónico) y mantente bien! Mira que con la salud no se juega.

1. Este joven da alrededor de diez consejos para vivir con un dolor fuerte. Haz una lista.

____

____

____.

2. ¿Qué haces tú cuando tienes un dolor muy fuerte?

____.

3. ¿Qué crees tú? ¿En qué medicina confía más este joven? ¿Por qué?

____.

4. ¿Por qué nos dice que el dolor es su hermano? ¿Qué molestia o preocupación es hermana tuya?

____.

5. Dale dos consejos para que se sienta mejor cuando tiene que estudiar. Él se llama Ryan.

____.

III GRAMÁTICA

A. Precisión. Usa órdenes informales para completar el siguiente párrafo. Recuerda usar los pronombres en el lugar correcto cuando sea necesario.

El contagio de la bronquitis ha llegado a tal punto en este edificio que vamos a tener que tomar ciertas medidas para aliviar la situación. Ayer le dije a Allen: «(**1.** Ayudarme) ____________________ a limpiar los filtros de la ventilación, porque me parece que hay muchas esporas ahí». Claro, como no le gusta trabajar, me contestó: «(**2.** Ir) ____________________ a buscar al jefe de mantención mejor, no (**3.** hacerlo tú) ____________________ porque es algo complicado». Art también lo apoyó y me dijo: «(**4.** Mirar) ____________________; a nosotros no nos corresponde cambiar los filtros. (**5.** Llamar) ____________________ y (**6.** decirle) ____________________ al propietario que se preocupe de eso.» En ese momento, perdí la paciencia y les grité: «(**7.** Cerrar) ¡____________________ la boca de una buena vez. (**8.** No exasperarme) ____________________ más. Si Uds. prefieren toser todo el día, ¡entonces no hagamos nada! Allen, (**9.** ponerte) ____________________ el abrigo y vayamos a la biblioteca a estudiar». Y

Allen me contestó: «Ja, ja; (**10.** no tomarme) ______________ el pelo, por favor. ¿Para qué quiero abrigo si hay 80 grados?» Como estaba enojado, ni supe qué dije.

B. Chiquita desobediente. Imagínate que hoy tienes un trabajo de niñera y que la niña que estás cuidando es muy desobediente. ¿Cómo te contesta cada vez que le das una orden? Sigue el ejemplo.

Por ejemplo: Yo: —¡Tómate la leche ahora mismo! Ella: —¡Tómatela tú!

1. —Mira; ¡tómate el antibiótico ahora mismo!

____

2. —Cierra la boca para descansar unos minutos.

____

3. —Quiero que hagas un poco de ejercicio.

____

4. —¡Ay!, tráeme tu jarabe que me olvidé de dártelo.

____

5. —Contesta el teléfono. No puedo levantarme.

____

6. —Anda a hacer tus tareas. No mires más televisión.

____

C. Para que no te pase eso. Dale dos soluciones a cada una de las quejas de tus amigos. Usa órdenes informales de los verbos **dejar de, evitar, tratar de, poner, tener, relajarse, olvidarse de, salir,** etc., para darles tus consejos.

1. Siempre me duele la cabeza después de programar algo.

____

____

2. No hago atletismo porque tengo miedo de lastimarme.

____

____

3. Si juego tenis me doblo los tobillos.

____

____

4. Estoy gordo porque como muchos helados.

____

____

5. La última vez me dio alergia por dormir aquí.

____

____

6. No quiero ir al norte porque hay malaria.

____

____

D. De veras, lo siento. Escribe frases que expresen tu reacción a lo siguiente. Empieza tus frases con **Siento que...** o **Me alegro que...**, según sea necesario.

1. Me dolió mucho cuando me quemé la mano.

____

2. Ayer chocamos el auto pero no nos pasó nada.

____

3. Ya le sacaron el yeso a mi compañero.

____

4. No tengo qué llevarle a mi amiga que está enferma.

____

5. Al médico no le importa que no pueda ir a clases.

____

E. ¡Ay, doctorcito! Completa lo siguiente con lo que le pides al doctor. Usa órdenes formales con verbos como **darme, ponerme, decirme, explicarme, examinarme, recetarme**, etc.

1. Me duele tanto la garganta. Por favor, ______________________________

____

2. ¡Me muero! ¡Qué dolor de espalda tengo! Por favor,

____

3. No tengo idea por qué me agarré esta infección. Por favor,

____

4. No creo que pueda participar en la actividad de mañana. Por favor,

____

5. Ni me picó una abeja ni estuve al sol pero tengo esta roncha. Por favor,

____

F. Buen editor. Marca la palabra correcta de manera que **1**) el párrafo tenga sentido; **2**) las órdenes correspondan al tipo de personas con quienes hablamos; y **3**) se use el subjuntivo para los deseos y las órdenes negativas y formales.

Por fin, hasta los fabricantes de cigarrillos dicen que es mejor que la gente (**1.** dejar/ deje/ den) de fumar. Por mucho tiempo, los fabricantes les dicen a sus empleados: «No (**2**. revelan/ reveles/ revelen) lo que hemos descubierto sobre la adicción». Ahora, el anuncio del Cirujano de la Nación les pide a los jóvenes: «¡No (**3.** consuman/ consumir/ consume) tabaco porque es malo para la salud! Y tú, universitario joven, (**4.** se ayuda/ debe ayudar/ ayúdame) a hablarle a los niños de tu comunidad; (**5.** explícales/ me explican/ te explique) que el tabaco produce adicción, para que los chicos no (**6.** adquirir/ adquieran/ le adquieran) el hábito a temprana edad». Además, ya sabemos que cuando el cerebro aprende a (**7.** experimente/ experimentar/ experimentes) placer con ciertas substancias, después no podemos decirle «(**8.** debe sentir/ siéntete/ sentarse) contento con otras cosas también». Así pues, si Ud. es padre de familia o una persona todavía soltera, por favor (**9.** coopera/ cooperen/ coopere) con la campaña contra el tabaquismo infantil. No (**10.** deja/ deje/ dejan) que falsas modas arruinen la vida y la salud de los menores.

IV EXPRESIÓN ORAL

Prepara siete posibles preguntas y respuestas para una de las siguientes situaciones. Luego, usa las preguntas para conversar con tu compañero(a).

1. Una conversación con un profesional de la salud (médico(a), enfermero(a), nutricionista, terapista, experto(a) en salud pública/ de la familia). Te gustaría saber más sobre las bondades de las vitaminas, los minerales, los antioxidantes y otras sustancias buenas para la salud.
2. Una encuesta sobre las actitudes de los hispanos hacia la salud. Trata de descubrir cuáles son sus creencias y prácticas más comunes cuando están sanos y cuando están enfermos.
3. Un programa de la televisión en el cual entrevistas a distintos jovenes a raíz de una campaña en contra de la drogadicción.

V EXPRESIÓN ESCRITA

Elige *uno* de los siguientes temas y desarróllalo en español.

1. Escribe una descripción de una serie de ejercicios o de una buena práctica de salud. Tu descripción va a aparecer en una publicación de la universidad y debe estar dirigida a la gente joven como tú. Piensa en los lectores y dales consejos o datos de cómo adaptar tu sistema para chicos o chicas, estudiantes casados o solteros, más jóvenes o mayores.
2. Escríbele una carta a un/a líder estudiantil para que consiga que mejoren la universidad para que todos estudien en un ambiente más sano y más agradable. Dale una descripción completa del programa que te preocupa y luego proponle una o dos soluciones. Dale las gracias por su apoyo a tus ideas, ofrécele tu ayuda y despídete cortésmente de él/ella.

Autoevaluación

Unidad 8

Metas cumplidas

En la Unidad 8, aumentaste tu capacidad para hablar de las ciudades de hoy y de mañana y para contrastar el presente y el futuro. Aprendiste a describir los ambientes urbanos, a pedir y dar instrucciones para ir a distintos lugares, a explicar qué podrías hacer para cuidar la naturaleza y el equilibrio ecológico en el próximo siglo y a proponer soluciones para los problemas del mundo. También aprendiste a hacer preguntas sobre el futuro, el ambiente, las ciudades y su gente en general con respecto a...

lo que hay ahora	**Actualmente hay...,.** + partes de la ciudad	¿**Qué hay** en ese edificio?
lo que está pasando ahora	**Están/ Paso/ Ando/ Sigo** + participio presente	¿Qué **andas buscando**?
dar y pedir instrucciones	**Siga/ Doble/ Manténgase + a la derecha/ izquierda**	¿**A cuántas cuadras está**?
lo que habrá después	**En el próximo siglo habrá...** + nuevas cosas	¿Qué **habrá** ahí después?
lo que pasará después	**En el año 2000/ el próximo año...** + futuro	¿Cómo **viajaremos** después?
lo que puede pasar	**Cuando/ Hasta que...** + subjuntivo	¿Qué harás **cuando termines**?
lo que tú deseas que pasara	**Ojalá** + imperfecto del subjuntivo	Ojalá **no contaminaran** tanto.
lo que podría pasar si algo sucediera	**Si** + imperfecto del subjuntivo	**Si aumentaran**, ¿qué harías?

También aprendiste sobre...

cómo son algunas ciudades hispanas	**"Eres grande como aquel inmenso mar".**
cómo es la vida de algunos hispanos de las ciudades	Los ciclistas somos parias y eso que no contaminamos.
qué retos ecológicos enfrentan los países hispanos	**¡Ojalá pudiéramos** proteger mejor nuestros bosques!
qué visiones del futuro tienen en el mundo hispano	¿Qué clase de mundo vamos a legarles a nuestros hijos? Si seguimos destruyendo la capa de ozono...

PRUEBA

Las siguientes actividades te servirán para organizarte e integrar lo que has aprendido en la Unidad 8. Las actividades ponen a prueba tus conocimientos y tu uso de estrategias, pero no representan exactamente el énfasis elegido o la dirección seguida por tu programa o por tu profesor/a.

I CULTURA

Elige dos de los siguientes comentarios y, en inglés, prepara una explicación para una persona que no sabe nada de las diferencias culturales. Trata de explicar las cosas de manera que no produzcas una reacción negativa en la persona que te escucha. Es importante darle la idea de que debe respetar y tratar de entender a las gentes del mundo.

1. "These people cannot govern themselves. If they had strong administrations they would not allow their natural resources to be exhausted this way".
2. "I think these people all live in cities with too many buses, too many people, too little sanitation, and way too much noise. If they built suburbs like us, the cities would be much nicer".
3. "Why would one want to live in a big city like México, D. F., if the smaller towns are so much cleaner and less crowded?"
4. "Thank goodness that one can eat at "Taco Bell" in Mexico now. I used to worry about contaminated food before".

II VOCABULARIO Y LECTURA

A. Encuesta de vida urbana. Completa la siguiente ecuesta sobre la calidad de vida urbana. Escribe tus datos personales con nombres, apellidos, direcciones y fechas a la manera hispana. Agrega comentarios cuando puedas y usa muchas palabras y expresiones aprendidas en esta unidad.

ESCUELA DE PLANIFICACIÓN URBANA
ENCUESTA DE OPINIÓN SOBRE LA CALIDAD DE VIDA EN LA CIUDAD

Por favor, ayude a los alumnos de Asuntos Urbanos que están interesados en mejorar la imagen de la ciudad. Devuelva la encuesta en el Centro de Estudiantes de Asuntos Urbanos, donde le vamos a dar una entrada gratis al concierto de la Orquesta Filarmónica.

I. DATOS PERSONALES

Nombre: ____

Nombre de pila *apellido paterno* *apellido materno*

Edad: ______ Sexo: ______ Estado civil: S C D Ocupación: ________________

Año de estudios: ❑ primer año ❑ tercer año ❑ quinto o más
❑ segundo año ❑ cuarto año

Domicilio: ____
calle nº piso código postal ciudad estado país

Marque cinco de los siguientes términos que describan su apreciación de la ciudad:

❑ cansancio	❑ orgullo	❑ irritabilidad
❑ impuestos	❑ esperanza	❑ miedo
❑ delincuencia	❑ cultura	❑ atascos de tráfico
❑ exasperación	❑ oportunidades	❑ poco estacionamiento
❑ espectáculos buenos	❑ contaminación atmosférica	❑ basura y desperdicios
❑ tantas universidades	❑ enojo	❑ zona verde

II. Necesidades más urgentes en el área del campus

Para mejorar la imagen de la ciudad, podemos empezar por la universidad. Denos su opinión; marque todos los medios que Ud. considere apropiados para mejorar la calidad de vida en el barrio universitario. Agregue otros que le parezcan importantes.
Sería mejor que...

❑ ahorraran agua ❑ mantuvieran el paisaje natural ❑ aumentaran las sendas de bicicletas

❑ redujeran los desperdicios de las cocinas ❑ redujeran el uso de insecticidas

❑ ahorraran luz y gas ❑ construyeran estacionamientos subterráneos

❑ invirtieran en más árboles, menos pavimento ❑ hubiera más solidaridad

❑ hubiera menos desigualdad ❑ tuviéramos autobuses a gas natural

También podrían

____

III. Voluntarios

Ninguna acción comunitaria tiene éxito si la gente no coopera. Por favor, indique de qué manera podría colaborar Ud. y qué necesitaría para poder ser voluntario.
Yo podría cooperar...

❑ limpiando ______________________

❑ haciendo clases de ______________________

❑ invirtiendo en ______________________

- ❑ recogiendo ______________________
- ❑ enterrando desperdicios de ______________________
- ❑ construyendo ______________________

Sería necesario que me dieran/ ayudaran con . . .

____

____

____

B. Asociaciones. Da al menos dos términos asociados con los siguientes o escribe varias frases en que uses las siguientes palabras. Usa otra hoja de papel.

1. escasez
2. tasa
3. darse cuenta
4. pobreza
5. promover
6. la guerra y la paz
7. rascacielos
8. puentes
9. aprovechar
10. botadero
11. impuestos
12. ballenas
13. recoger
14. no agotar los recursos
15. paisaje
16. semáforos

C. Curas dolorosas. Da al menos dos remedios para cada uno de los siguientes problemas.

1. No se dan cuenta que construir más carreteras invita más vehículos al centro.

____

____

2. Ojalá no hubiera tantas centrales eléctricas que usen carbón.

____

____

3. Como la economía está mejor, estamos produciendo más CO2.

____

____

4. Hay demasiada deforestación.

5. Está agotada el agua.

6. Hay demasiados rascacielos.

D. Podría hacer algo. Según el contexto, completa las siguientes frases con verbos de acciones como **darse cuenta de, recoger, elegir, aumentar, disminuir, desarrollar, reducir, prevenir, proteger, amenazar,** etc. Sigue el ejemplo.

Por ejemplo: Ojalá que evitaran la destrucción del valle. Si no, sería mejor que... **protegiéramos** a los animales.

1. Ojalá que disminuyeran el anhídrido carbónico (CO2). Si no, sería mejor que... __________
2. Ojalá que no amenazaran las sierras de Wyoming. Si no, sería mejor que... __________
3. Ojalá que redujeran las emisiones de gases peligrosos. Si no, sería mejor que... __________
4. Ojalá que no corten más árboles ni contaminen los ríos. Si no, sería mejor que... __________

E. Lectura. Usa las estrategias y el vocabulario de esta unidad para leer el siguiente fragmento. En seguida, contesta las preguntas que siguen a la lectura.

RECUPERAR EL MEDIO AMBIENTE:
UNA TAREA QUE EMPIEZA POR CASA

Los problemas ambientales son tan graves que, no en vano, mueren diariamente 35 mil niños en el mundo como consecuencia de las enfermedades producidas por la degradación ambiental, el hambre y la sobrepoblación. A fines de 1994, por ejemplo, había trece millones de infantes muertos por estas razones. "Sería bueno poder hacer algo" es lo que han pensado muchas empresas y organizaciones, aunque haya soluciones que requieran grandes inversiones. Si cada uno de nosotros ayudara un poco, se podrían alcanzar algunas metas a largo plazo y el Programa Permanente de Protección al Medio Ambiente nos indica cómo podría disminuir los daños el ciudadano común:

- Si todos lleváramos una bolsa de basura cuando salimos de paseo, los ríos, lagos y parques permanecerían más limpios y los fondos que le ahorráramos a la administración de los parques, podrían ser dedicados a otros fines.
- Si los exploradores enterraran sus restos de comida y desperdicios cuando fueran de camping, ayudarían a enriquecer el suelo con materia orgánica. Los microorganismos que viven en el suelo descompondrían los desperdicios y así servirían como fertilizante para el bosque, en vez de llenar los basureros del lugar y atraer animales.
- Si clasificáramos la basura como se hace en Europa y Japón, reduciríamos en alguna medida la escasez de terrenos para botaderos. La única verdadera basura son los desperdicios no reciclables como los desechos hospitalarios, algunos plásticos y, en general, cualquier cosa contaminada, sucia o que contiene sustancias peligrosas, como las baterías y pilas y los cartuchos de las fotocopiadoras. Hay muchísimas otras cosas que pueden reutilizarse (como las latas, plásticos y empaques de vidrio, cartón o papel), que debieran ser separadas en casa, para que disminuyeran los costos de clasificación en el botadero municipal (que nosotros mismos mantenemos por medio de los impuestos).

Otras medidas generales pueden ser caminar o montar en bicicleta en vez de conducir, usar menos artículos de papel o reusarlos más, no imprimir el trabajo que se hace en la computadora hasta que esté totalmente terminado, no plantar árboles que exijan demasiada agua en su casa, no generar mucho ruido que canse a sus vecinos. Por supuesto, otra acción importante es organizarse para que la industria limpie y recicle también.

Tomado de "Recuperar el medio ambiente ¡Una tarea que empieza por casa!" ***Carrusel*** No. 802, 3 de junio de 1994, págs. 8-9. Suplemento de ***El tiempo***, Bogotá.

1. ¿Qué consecuencias tiene la degradación ambiental, el hambre y la población? Haz una lista.

____

____

2. En resumen, ¿qué medidas generales se recomiendan en este artículo?

____

____

3. ¿Qué crees tú? ¿Es conveniente enterrar los desperdicios de camping o sería mejor hacer otra cosa? ¿Por qué?

____

____

4. ¿Cuántas veces imprimes tus trabajos incompletos? ¿De qué manera podrías ahorrar papel?

____

5. Dale dos consejos a tus vecinos para que tu comunidad alcance algunas metas nuevas.

Sería mejor que ________________________________

____

III GRAMÁTICA

A. Precisión. Cuando sea necesario, usa formas de subjuntivo presente o pasado, el tiempo futuro, condicional, progresivo o infinitivo para completar el siguiente párrafo. Acuérdate de usar los pronombres en el lugar correcto cuando sea necesario.

No todo lo recicable se recicla ni todo lo entregado se recicla inmediatamente. En general e idealmente, es mejor (**1.** ahorrar) ____________________ y no usar que malgastar y entonces tener muchas cosas que reciclar. Ojalá que nosotros no (**2.** ser) ____________________ la sociedad que produce más basura en el mundo, pero así es. Y como la mayoría no (**3.** darse cuenta de) ____________________ los efectos de la contaminación directamente, pocos (**4.** desarrollar) ________________ la conciencia para que en su casa se (**5.** evitar) ________________ abusar el ambiente. Creo que si la gente (**6.** saber) ________________ cuánta cantidad de agua total gastan en lavarse o en lavar los platos (para después meterlos en el lavaplatos), (**7.** haber) ________________ menos pérdida de recursos tan preciosos como el agua. Después de estudiar este capítulo, yo (**8.** andar + pensar) ________________ cuánta energía se perderá en los edificios que quedan con luz toda la noche o cuánta gente (**9.** desarrollar) ________________ cáncer de la piel porque el agujero en la capa de ozono (**10.** seguir + crecer) ________________ sobre la Antártida, Argentina y Chile. Bueno, desde hoy enterraré la basura vegetal como lo hacen los exploradores y (**11.** evitar) ________________ usar tantas servilletas y artículos de papel.

B. Ando pensando en el ambiente. Imagínate que quieres evitar que el propietario de tu casa o apartamento use sustancias que son dañinas para el ambiente. Ofrece hacer las cosas tú mismo(a), sin usar sustancias químicas peligrosas ni destruir el ambiente. Sigue el ejemplo.

Por ejemplo: **Propietario:** —Voy a ponerle herbicida al jardín.
Yo: —Ojalá que no pusiera herbicida; yo podría limpiar el jardín a mano.

1. —Mire; pondré insecticida en el sótano.

— ____.

2. —¿Sabe Ud.? Mañana tiraré las ruedas a la basura.

— ____.

3. —Nadie se dará cuenta si tiro el aceite de motor en la calle.

— ____.

4. —Todos meten la cabeza en la arena; podemos matar este árbol enfermo.

— ____.

5. —Es muy caro reciclar; los papeles y el vidrio van a la basura.

— ____.

6. —El refrigerador viejo tiene gases dañinos; lo tiraremos al patio.

— ____.

C. Sensible. Da tu reacción a los siguientes desastres ecológicos; usa una frase con **si**, pasado del subjuntivo y condicional, como en el ejemplo.

Ejemplo: Parece que murieron los delfines del show.
¡Ay, no! Si murieran, sería una gran desgracia/ se acabaría el show/...

1. Parece que se extinguieron las tortugas de las Galápagos.

____

2. Amenazaron con cortar el bosque virgen de Oregón.

____

3. No quieren proteger los pantanos (***swamps***) de la Florida.

____

4. Se agotó el agua pura en ese valle de Montana.

____

5. Quemaron varias ruedas de auto en el estadio.

____

6. El virus Hanta se extendió a mi estado.

____

D. Ni idea. Completa lo siguiente con un comentario como en el ejemplo. Usa formas verbales de futuro y los pronombres necesarios como en el ejemplo.

Ejemplo: No sé si **han terminado** esos rascacielos del centro. No tengo idea cuándo **los terminarán**.

1. No creo que hayan abierto esa fábrica todavía.

____

____

2. ¡Qué escándalo que no hayan construido un puente!

____

____

3. Si ya hubiera pagado estaría tranquilo.

____

____

4. No creo que allí haya estación del metro todavía.

____

____

5. Ni los ancianos ni los niños tienen la preferencia ahora.

____

____

E. Buen editor. Marca la palabra correcta de manera que **1**) el párrafo tenga sentido; **2**) los verbos correspondan al tipo de especulación o afirmación que estamos haciendo; y **3**) se use el subjuntivo para los deseos y las órdenes negativas y formales.

Ahora que he vivido en varios países (**1.** supiera/ sé/ sabiendo) el significado de las palabras ***recursos naturales preciosos***. Por mucho tiempo, repetía mecánicamente cosas como "Es necesario reciclar". "Para que no (**2.** aumente/ aumentes/ aumentan) el agujero de ozono, no (**3.** conducir/ conduzca/ conduce) su coche y forme un grupo para viajar juntos a la oficina". "Ojalá que cada ciudadano del mundo (**4.** se hace/ haga/ se hiciera) responsable de consumir sólo lo necesario". Ahora paso (**5.** a recordar/ recordando/ recuerdo) los efectos del abuso del ambiente y de la degradación por la contaminación industrial porque los vi en otros países. Cuando (**6.** vuelva/ vuelvo/ vuelve) a Rusia el próximo año, el lago salado ya (**7.** estaría/ estará/ estar) totalmente seco y en las estepas de África que visité no (**8.** va a estar/ están/ habrá) ni un solo árbol pues todos los usaron los pobres para calentarse, y en Costa Rica se habrán extinguido decenas de especies más. Así pues, ¿qué no (**9.** daría/ daré/ darías) yo por poder extender el mensaje de la fragilidad de nuestra tierra? A veces pienso que mi trabajo sería más fácil si (**10.** hubiera/ habrá/ hay) más jóvenes que pudieran ver el futuro en otras tierras conmigo.

IV EXPRESIÓN ORAL

Prepara siete posibles preguntas y respuestas para una de las siguientes situaciones. Luego, usa las preguntas para conversar con tu compañero(a).

1. Una conversación con un/a ingeniero(a) que está decidido(a) a reducir el presupuesto para la constucción de un nuevo camino/ puente/ cruce de tráfico. El/La ingeniero(a) piensa reducir los gatos de la obra cambiando el curso de un pequeño río y cortando varios árboles viejos que están a la orilla del agua.

2. Una encuesta de actitudes hacia el uso del terreno de tu universidad. Trata de averiguar si hay diferencias entre las respuestas de alumnos de distintas facultades de la universidad.

3. Un programa para la televisión de la universidad en el que entrevistas a varios jóvenes sobre sus actitudes hacia una campaña en contra de la construcción de más edificios de estacionamiento en la universidad. Los que se oponen dicen que sería mucho mejor hacer una campaña para que la gente usara otras maneras de movilizarse como montar bicicletas, tomar el autobús/metro, caminar por sendas apropiadas y seguras, etc.

V EXPRESIÓN ESCRITA

Elige uno de los siguientes temas y desarróllalo en español.

1. Escríbele una carta abierta a la comunidad (universitaria o de la ciudad), en la cual defiendes tu posición ante algún problema ambiental o de degradación de la naturaleza. Explica claramente por qué has tomado la posición que tienes, da todas tus razones para proponer esto y también describe cómo te podrían ayudar otros estudiantes para llevar a la práctica tus planes, si te dieran la oportunidad.

2. Escríbele una carta a un/a líder estudiantil para que lancen una campaña en contra del mal uso de los recursos en la universidad. Incluye una lista de los recursos energéticos, espaciales y temporales que se pierden o se malgastan en la universtidad y explícale claramente cómo se podría hacer más eficiente su uso. Ofrece tu ayuda.